Vers une consommation heureuse

Élisabeth Laville

Vers une consommation heureuse

Æ
Allary Éditions

La consommation consiste pour les individus à dépenser de l'argent qu'ils n'ont pas, pour acheter des choses dont ils n'ont pas besoin, afin d'impressionner des gens qu'ils n'aiment pas.

CLIVE HAMILTON

Introduction

La consommation est devenue une religion universelle qui ne se limite plus au seul monde occidental. Persuadés qu'elle est la clé de notre bonheur individuel, nous cherchons à consommer toujours plus. Persuadés qu'elle est la clé de notre bonheur collectif, nos responsables politiques ne songent qu'à relancer la consommation et la croissance. Idole des temps modernes, la consommation n'est pas remise en question, si ce n'est par quelques décroissants ou « gauchistes ».

Je n'appartiens à aucune de ces deux catégories. Ce livre ne veut ni culpabiliser les consommateurs, ni dénigrer le plaisir qu'apporte la consommation, ni récuser son rôle économique. Depuis vingt ans, je conseille les entreprises pour qu'elles fassent évoluer leur offre vers des produits responsables. J'ai beau rouler en Toyota Prius et manger volontiers du quinoa bio, ce livre n'est pas pour autant un manifeste écolo ou baba cool. Il énonce simplement des vérités méconnues ou inaudibles dont nous devons prendre conscience puisqu'il en va de notre bonheur actuel et de notre avenir.

Comme beaucoup, j'aspire à une vie plus simple, plus proche de la nature, de ma famille, de mes attentes profondes, et je suis consciente des pièges que la société de consommation me tend, ou que je me tends à moi-même. J'apprends à ma fille de 9 ans à se méfier de la publicité en lui racontant l'histoire vraie des produits qu'elle consomme, et en lui faisant comprendre qu'elle ne saurait posséder tel ou tel nouveau jouet qu'à condition de se débarrasser d'un ancien... mais je suis tout de même effrayée par le nombre de poupées qui encombrent sa chambre. Je sais que le dernier gadget high-tech ne changera pas ma vie, mais je n'ai pas résisté longtemps à l'acquisition d'un iPad qui ne me quitte plus, tout comme mon iPhone et mon MacBook. Je sais que mes armoires sont pleines de vêtements que je porte trop peu, mais je ne résiste pas toujours aux sirènes du shopping.

C'est ainsi : nous vivons dans une économie de la surproduction généralisée à laquelle il est difficile d'échapper. Observez un rayon parfumerie : alors que 9 femmes sur 10 possèdent déjà deux ou trois parfums en moyenne et qu'un homme sur deux se parfume, 400 à 500 nouveaux parfums supplémentaires sont lancés chaque année dans le monde, dont plus de 200 en France[1]. Comptez les sorties de films : entre 50 et 60 nouveautés sont proposées chaque mois dans les salles obscures de l'Hexagone[2].

Jetez un œil dans votre armoire à pharmacie : plus de 3 milliards de boîtes de médicaments sont vendues chaque année en France avec une dépense moyenne par habitant qui représente une fois et demie celle de nos voisins espagnols ou allemands. Ouvrez vos placards : les deux tiers des consommateurs déclarent avoir acheté au cours des deux dernières années un ou plusieurs vêtements qu'ils n'ont presque jamais portés (et 60 % d'entre eux possèdent jusqu'à dix vêtements qu'ils ne portent jamais !)[3]. Ouvrez la porte de votre garage : les ménages possédant plusieurs voitures représentent désormais un tiers de l'ensemble des foyers français, contre la moitié en 1980[4]. Quant à ce livre sur la surconsommation que vous avez entre les mains, il n'est que l'un des 65 000 titres publiés chaque année en France, contre 25 000 il y a vingt ans.

Chaque semaine, un Français a ainsi le choix entre 1 250 nouveaux livres, 10 nouveaux parfums et 13 nouveaux films, pendant qu'il consomme en moyenne une boîte de médicament, 1,5 kilo de viande et 38 feuilles de papier A4[5] ! Globalement, le volume annuel de notre consommation est trois fois plus élevé qu'il ne l'était en 1960[6], et dans le même temps, notre addiction à la consommation est devenue l'un des plus grands tabous de notre société.

Pourtant, les sujets difficiles sont précisément ceux dont nous avons le plus à apprendre, et le déni n'est jamais la voie du progrès, individuellement ou collectivement. Pour paraphraser Marc Aurèle, ce n'est pas parce qu'un sujet est difficile que nous n'osons pas l'aborder, c'est parce que nous n'osons pas l'aborder qu'il est difficile. Même si ce livre est un objet de plus, avec un impact sur l'environnement, je l'écris avec l'ambition qu'il sera bénéfique, ne serait-ce que parce qu'il lève le voile sur ce sujet. Et comme j'ai un tempérament résolument optimiste, j'ai la conviction que la question de notre addiction à la consommation ne doit pas être abordée sous l'angle, déprimant, d'une apologie de la décroissance mais sous celui, réjouissant, des solutions qui, au niveau individuel, familial et social, font déjà leurs preuves ici ou là.

Il existe une voie de sortie à notre surconsommation, qui n'est pas une voie de garage mais la promesse d'une vie plus heureuse. L'exploration des solutions est un des principaux volets de ce livre : nous nous intéresserons aux gouvernements, entreprises ou collectifs qui tentent de nous proposer un nouveau modèle, ambitieux et attractif, une nouvelle vision ou une nouvelle morale du bonheur, une « nouvelle frontière » historique pour toute une génération de consommateurs et de dirigeants afin de convertir les plus réticents d'entre nous. Des initiatives isolées ? De moins en moins, et il « ne faut jamais douter qu'un groupe d'individus conscients et engagés puisse faire changer les choses… car c'est la seule chose qui s'est jamais produite », rappelle Margaret Mead[7].

Ce n'est pas en promettant des restrictions, comme l'a involontairement induit le concept de « décroissance », qu'on encouragera les individus à changer. La « catastrophisation du futur[8] » démobilise les gens. Depuis quelques mois, c'est la thèse en vogue dans les conférences internationales rassemblant les acteurs du développement durable : ce mouvement aurait jusqu'à présent totalement échoué à rendre désirable le mode de vie durable, à donner une image positive et attractive de l'avenir. Oui, il est possible de construire un futur prospère, améliorant le bien-être individuel, et tenant compte des limites de la planète, mais le grand public et beaucoup de dirigeants ne le savent pas, ou ne le croient pas. Pour négocier cette nécessaire transition, il va donc falloir en montrer les avantages, créer le désir chez les consommateurs et les citoyens. La rhétorique traditionnelle du développement durable, autour de l'idée que « le ciel va nous tomber sur la tête », ne fait plus recette en période de crise. Il est temps de changer de discours. De voir le verre à moitié plein plutôt qu'à moitié vide. Nous avons d'autant plus intérêt à le faire que, selon les psychiatres[9], non seulement l'optimisme se cultive mais il aurait des effets positifs sur la santé. Les entreprises elles-mêmes s'essayent aux vertus de cette « positive attitude » : fin 2013, les groupes anglais Kingfisher, AT&T, BT et Coca-Cola se sont regroupés pour fédérer leurs démarches citoyennes autour d'une ambition commune. Leur objectif n'est pas simplement de ne pas avoir d'impact négatif, mais que leurs actions aient un bilan « *net positive* » (positif net) pour la planète. L'enjeu est d'importance : il s'agit d'une part de convaincre qu'il est possible de respecter les limites des écosystèmes tout en construisant un futur qui améliore le bien-être individuel, d'autre part de donner envie au plus grand nombre de participer à l'éclosion de cette « sobriété heureuse ». Les questions comptables et l'évidence des chiffres ne suffisent jamais à mobiliser. À l'inverse, signe des temps sans doute, les thèmes de désaddiction ou de détox ont le vent en poupe dans le monde occidental.

Cette révolution douce réclame une volonté partagée de changement : pour réussir, elle devra être fondée sur l'engagement de tous et de chacun, sur un désir de discipline face aux tentations et aux habitudes de la consommation à tout-va qui nous promet un bonheur factice mais aussi, et surtout, sur le plaisir avéré de cultiver d'autres modes d'épanouissement personnel et de participation à la société (liens familiaux et sociaux, culture, art, sport, loisirs, vie associative).

Chapitre 1

Notre addiction à la consommation

On nous fait croire que le bonheur, c'est d'avoir de l'avoir plein nos armoires [...] On nous inflige des désirs qui nous affligent...

ALAIN SOUCHON

Notre addiction à la consommation est sans doute le plus grand tabou de nos sociétés, et les causes de ce tabou sont aussi profondes que persistantes. Persuadés qu'elle est la clé de notre bonheur individuel, nous cherchons à consommer toujours plus. Persuadés qu'elle est la clé du bonheur collectif, nos hommes politiques ne parlent que de relancer ou d'augmenter la croissance et la consommation.

Les marchés de l'addiction : crédit à la consommation et garde-meuble

En amont du système, le crédit à la consommation s'est développé pour alimenter notre capacité à dépenser toujours plus. Malgré la crise, qui a freiné la consommation dans les pays développés, le crédit à la consommation (dont l'encours total dans le monde était de 6 383 milliards d'euros fin 2012) est désormais un phénomène mondial, qui se répand avec le mode de vie occidental : l'Amérique du Nord représente à elle seule près de 40 % de l'encours mondial de crédit à la consommation devant l'Asie et le Moyen-Orient qui pèsent pour un tiers environ. Seule l'Afrique est moins concernée : l'encours moyen du crédit à la consommation par habitant y est inférieur à 100 euros, contre 910 euros en moyenne dans le monde, 11 677 euros au Canada, 7 495 euros à Singapour, 6 888 euros aux États-Unis, 6 410 euros en Norvège, 3 628 euros en Australie, 2 267 euros en France, 865 euros au Brésil et 47 euros en Inde[1]. Mais s'il stagne dans les marchés nord-américains et européens, le crédit à la consommation est en forte progression dans les pays émergents ces dernières années : +59 % en Chine et +29,6 % au Brésil sur la seule année 2009[2], +43 % en Russie et +32 % en Thaïlande en 2012[3]...

Le problème est évident : partout, le surendettement gagne du terrain avec le mode de vie consumériste, plongeant des individus et des familles entières dans la pauvreté... D'ores et déjà, la Chine est le troisième marché mondial du crédit à la consommation. En France, le nombre de dossiers de surendettement déposés auprès de la Banque de France n'a jamais été aussi élevé qu'en 2013[4] (plus de 223 000 dossiers contre 165 000 il y a dix ans). Le profil des personnes surendettées évolue : 78,5 % gagnent moins de 2 000 euros par an, et près d'une personne surendettée sur deux est sans activité professionnelle. En outre, la population surendettée est aussi de plus en plus âgée, la proportion des plus de 55 ans ayant doublé ces dernières années. Autre signe des temps, la pauvreté touche peu à peu de nouvelles populations : les salariés et les propriétaires. Le crédit à la consommation est bien devenu la principale source d'endettement des ménages.

Nous n'en sommes pas à un paradoxe près : à l'autre bout de la chaîne de la consommation, le marché du garde-meuble est en plein boom. Le consumérisme s'est à ce point développé et installé qu'un secteur entier a vu le jour, consacré au stockage des objets. Des « hôtels de stockage » sont mis à la disposition des consommateurs (et des entreprises), qui y entreposent des vêtements, meubles ou objets qu'ils ont achetés mais dont ils ne se servent pas, au moins dans l'immédiat. Roi de la surconsommation, le pays de l'Oncle Sam « pèse » 86 % du marché mondial. Un Américain sur cent possédait « une pièce en plus » dans un hôtel de stockage en 2011, et la surface de ces entrepôts est telle qu'il serait d'ores et déjà possible d'y héberger tous les citoyens américains, chacun disposant d'un peu moins d'un mètre carré par personne[5]. Les causes de l'explosion de ce marché sont multiples : les familles américaines changent désormais de domicile en moyenne plus de dix fois au cours de leur vie, et leurs logements ont de moins en moins de caves ou de greniers. Il est vrai aussi que cette activité souffre d'immobilisme. De l'aveu même d'un dirigeant de l'industrie : « Les gens se disent, je vais louer cet espace pour quelques mois et ensuite le vider, mais une fois que les meubles et autres vêtements sont entreposés, plus personne n'a envie de passer plusieurs week-ends à faire le tri. » On dit même que les clients oublient ce qu'ils ont entreposé... tout en continuant à payer ! Mais le secret de l'explosion du secteur est sans doute ailleurs : dans notre capacité à acheter et accumuler des objets dont nous n'avons pas besoin.

Est-ce un hasard si ce marché est apparu aux États-Unis ? Est-ce un hasard s'il s'étend désormais à la surface du globe ? Depuis une quinzaine d'années, les Européens, et notamment les Français, découvrent les vertus des « box », héritiers des anciens garde-meubles. Les centres comprenant plusieurs centaines de ces petits espaces accessibles vingt-quatre heures sur vingt-quatre se multiplient. D'ici à 2015, le secteur devrait produire un chiffre d'affaires de 160 millions d'euros, contre 120 millions actuellement[6], et ce marché se développe aussi dans les pays émergents : au Brésil, 8 personnes sur 10 vivent désormais en ville, et 115 villes ont plus de 225 000 habitants... On en compte 20 millions dans la seule agglomération de São Paulo. La classe moyenne a crû d'environ 50 millions d'individus entre 1999 et 2009, autant de consommateurs sensibles à la nouveauté qui achètent des biens d'équipement. Avec moins de 100 entrepôts de « self-stockage » pour 200 millions d'habitants, l'ouverture pour ce marché est colossale. Une récente étude estimait à plus de 1 milliard de dollars annuel le chiffre d'affaires potentiel de l'industrie[7]. GuardeAqui Self Storage, l'un des opérateurs locaux, a récemment annoncé son intention d'ouvrir 50 entrepôts dans le pays d'ici à 2017.

En un mot, d'amont en aval, notre société est droguée à la consommation, et chacun de nous avec elle. Il faudrait donc être fou, idéaliste ou révolutionnaire pour vouloir remettre en cause la place que la consommation occupe dans nos vies et dans notre système économique. Pourtant, il existe au moins trois raisons principales pour prendre ce risque et s'attacher à relever le défi d'une consommation vraiment durable, trois raisons qui correspondent à trois critiques majeures des modes de consommation actuels des pays occidentaux.

Les effets de l'addiction

- *L'aggravation des inégalités*

La première critique, sans doute la plus répandue, est l'inégalité sociale qu'engendre la société de consommation. Certes, la pauvreté a globalement régressé mais, d'après la Banque mondiale, plus de trois milliards d'individus vivent avec moins de

2 dollars par jour ; malgré les progrès indéniables de la science et de la médecine, 25 000 enfants meurent encore chaque jour des conséquences de la pauvreté.

Désormais, il est clair que la croissance économique ne profite pas à tous de la même façon et ne contribue pas à créer un monde plus équitable : plus d'un milliard d'individus n'ont pas accès à la nourriture, et ils sont deux milliards à ne pas pouvoir se nourrir correctement. Les pays du Nord les plus riches ont des revenus et un niveau de consommation par habitant 100 à 200 fois supérieur à ceux des pays les plus pauvres. En France, le revenu moyen représente 10 fois celui d'un Philippin et 82 fois celui d'un Libérien. Ceci n'empêche pas de nombreux habitants des pays riches de vivre dans la plus extrême pauvreté (en France, la population de personnes pauvres s'est stabilisée depuis une décennie autour de 8 millions[8]) pendant qu'un nombre croissant d'habitants des pays pauvres ont des niveaux de vie et de consommation équivalents à ceux des pays du Nord.

Et donc où est le problème ? demanderont les cyniques. Il est moral bien sûr, mais pas seulement : l'inégalité ne pèse pas uniquement sur les plus pauvres : elle mine toute une société, même sa frange la plus aisée. Un bon exemple est donné par la Chine : inquiète d'être devenue « l'une des sociétés les plus inégalitaires au monde[9] », elle a interdit en 2011 les affichages publicitaires vantant un style de vie luxueux, bannissant les mots tels que « royal », « suprême » ou « luxe » pour éviter de créer un climat « malsain », alors que le fossé entre riches et pauvres se creusait à vue d'œil. En 2013, le pouvoir chinois a interdit aux médias audiovisuels, qui ont un rôle « d'éducation du peuple », de « véhiculer des valeurs incorrectes » en vantant des produits luxueux, dans le cadre d'une campagne « de moralisation, de frugalité et de lutte contre la corruption ». Selon l'Organisation d'État de la radio, du cinéma et de la télévision chinoise (SARFT), ces publicités « véhiculent des valeurs incorrectes et contribuent à créer un mauvais esprit social[10] ».

- *L'épuisement des ressources naturelles*

Désormais, c'est au cœur de l'été que le phénomène survient, en pleines vacances, au risque de passer totalement inaperçu. Et pourtant, le « Jour du dépassement planétaire » est révélateur de l'accélération de notre consommation et de ses impacts. En 2014, il tombe par une facétie du hasard ce mardi 19 août, alors que je mets la dernière main à ces pages : en huit mois seulement, l'humanité a cette année encore consommé la totalité de son « budget écologique » annuel, et dépassé la capacité de la planète à renouveler les ressources consommées en un an. Pour finir l'année et satisfaire nos besoins de consommation, nous n'aurons pas d'autre choix que de vivre à crédit et de puiser dans les stocks de ressources naturelles au-delà du « quota » dont nous aurions dû nous satisfaire pour ne pas entamer notre

« capital Terre » et simplement vivre des intérêts de ce capital. Autrement dit : notre surconsommation nous fait vivre au-dessus de nos moyens et grossit notre « dette écologique » pour les prochaines années, et les générations futures ! Le seuil critique a été dépassé au milieu des années 1970, et si la tendance actuelle persiste, nous aurons besoin de deux planètes d'ici à 2050[11]. Le plus inquiétant, c'est que l'épuisement des ressources naturelles s'accélère : en 2005, le jour du dépassement global tombait le 20 octobre et, en 2000, le 1er novembre. Là où l'humanité utilisait un peu plus de la moitié des ressources naturelles disponibles au début des années 1960, elle dépasse aujourd'hui de plus de 50 % la capacité planétaire (il faudrait donc désormais une planète et demie pour répondre aux besoins de l'humanité).

Les pays sont diversement responsables de cette dette, et la pression des plus riches est disproportionnée : plus de 80 % de la population mondiale vit dans des pays qui utilisent plus de ressources que ce que permettent les écosystèmes de leur territoire national. Il faudrait ainsi 7,1 Japon pour répondre aux besoins des Japonais, 4 Italie pour les Italiens, 2,4 Égypte pour les Égyptiens et 1,6 France pour les Français. Ces pays sont désormais « débiteurs écologiques » puisqu'ils détruisent soit leurs propres ressources naturelles, soit celles des autres. À l'inverse, le capital naturel des pays « créditeurs », comme le Brésil, l'Indonésie ou la Suède, s'amenuise avec le temps[12].

Même si le jour du dépassement ne représente qu'une estimation, il constitue une bonne hypothèse scientifique, aux indéniables vertus symboliques et pédagogiques, mesurant l'écart entre notre demande croissante en ressources et la capacité de notre planète à les fournir. Les chiffres sont têtus : l'économie mondiale « pèse » pratiquement 5 fois plus qu'il y a 50 ans, et pèsera 80 fois plus en 2100 si elle continue à ce rythme[13]. Elle a doublé dans les vingt-cinq dernières années du XXe siècle et, dans le même temps ou presque, 60 % des écosystèmes de la planète ont été dégradés, pendant que les émissions mondiales de CO_2 ont augmenté de 40 % par rapport au niveau de 1990, qui sert de référence dans le Protocole de Kyoto.

Il est désormais évident que la croissance économique mondiale, selon le modèle actuel, a des effets environnementaux ravageurs. D'après l'évaluation faite par 1 300 experts dans 95 pays, en 2005[14], environ 60 % des écosystèmes qui rendent la vie possible sur cette planète (purification de l'eau, régulation de l'air, stabilité climatique, cycle de l'azote, renouvellement des espèces halieutiques, etc.) sont dégradés ou exploités de manière non durable. Au début des années 1960, nous utilisions un peu plus d'une demi-planète pour faire face à nos besoins ; en 2007, nous utilisions une planète et demie. Cette tendance n'est évidemment pas durable, d'autant moins qu'elle s'aggrave au fil du temps. D'ores et déjà, 52 % des ressources halieutiques (poissons et produits de la mer) sont exploitées à la limite de leur capacité, 20 % sont surexploitées, et 8 % sont épuisées[15]. L'eau devient rare également, de sorte que les ressources disponibles ne devraient permettre de satisfaire que 60 % de la demande mondiale dans les vingt prochaines années[16]. De même, selon un article paru dans la revue *Nature* en 2010, le respect de neuf limites planétaires est nécessaire à l'intégrité des écosystèmes terrestres qui rendent la vie possible… mais trois de ces seuils seraient déjà dépassés : la biodiversité, l'équilibre climatique et le cycle de l'azote, essentiel à de nombreux processus biologiques[17].

Sur tous les sujets, les modélisations des scientifiques ne cessent d'être revues à la hausse, car il semble bien que le vivant ne connaisse pas d'évolution linéaire ni de courbe douce. Les écosystèmes réagissent de manière imprévisible et parfois inexplicable, sous l'effet d'accélérateurs ou de multiplicateurs dont nous ignorons tout. S'agissant du climat, cela ne donne pas raison aux climato-sceptiques, bien au contraire : Nicholas Stern, auteur du rapport sur l'économie du changement climatique en 2006, a depuis reconnu à plusieurs reprises avoir « gravement sous-estimé » l'ampleur des risques et du réchauffement climatiques[18]. Les scénarios du GIEC sont eux aussi accusés d'être trop pessimistes mais, rapport après rapport, ses travaux montrent que la tendance dépasse les prévisions aussi bien quant aux conséquences du changement climatique sur le niveau des mers, à son impact sur le nombre et l'intensité des événements climatiques extrêmes, ou dans le monde agricole... Et d'appeler à une révolution économique et à une « transformation des modes de vie » qui devra nécessairement accompagner cette mutation radicale[19].

- *Le bonheur en berne*

Dans les pays riches, l'augmentation de la production, de la consommation et du PIB ne suffit plus à faire progresser le bien-être et le bonheur des individus. L'idéal d'abondance, voire de surabondance, promis par la société de consommation, ne fait pas le bonheur. Dès les années 1970, les études déclaratives[20] mettaient en évidence une stagnation de la satisfaction moyenne des habitants des pays industrialisés, malgré l'incontestable augmentation de la richesse depuis la fin de la Seconde Guerre mondiale dans les États concernés. Depuis, quantité d'études économiques ont montré l'existence d'un plafond : les niveaux de revenus, de bonheur et de consommation croissent parallèlement jusqu'à atteindre un cap qui permet de répondre aux besoins essentiels ; au-delà de ce cap, le bonheur stagne voire régresse, pendant que la richesse et la consommation continuent à progresser[21].

De récentes études internationales menées par des psychologues comme Tim Kasser[22] rapportent de manière étonnamment convergente que l'accumulation des dépenses et des biens de consommation, une fois atteint un certain niveau de confort matériel couvrant nos besoins fondamentaux (alimentation, logement, vêtements), ne contribue pas au bonheur, bien au contraire. Quelles que soient les populations étudiées, adultes ou jeunes, riches ou pauvres, et toutes nationalités confondues, ces études disent la même chose : si l'on ne peut nier qu'il existe une dimension matérielle du bien-être, la richesse n'est manifestement pas synonyme de prospérité individuelle. L'économiste Richard Easterlin ne dit pas autre chose : à partir d'un certain seuil de revenu par habitant (dépassé en France depuis le milieu des années 1970), ce n'est pas la croissance et donc la hausse du revenu qui font que les gens se déclarent plus heureux mais leur état de santé, les liens sociaux qu'ils ont tissés, leurs conditions de travail et leur participation à la vie de la cité, bref des éléments immatériels ou non marchands.

« La culture consumériste nous bombarde de messages affirmant que le matérialisme et la consommation vont nous rendre heureux. Même si les recherches montrent que c'est totalement faux », assure Tim Kasser. Ses recherches montrent que les individus qui accordent le plus de valeur à la consommation et à la possession seraient même, presque toujours, moins heureux : leur niveau d'estime de soi est significativement plus bas, la qualité des relations avec leur entourage également, ils présentent un risque plus élevé de dépression et d'anxiété, de comportements antisociaux ou de troubles de la personnalité (agressivité, paranoïa, consommation de drogues, etc.). Enfin, ils accordent moins de temps à ce qui serait les vrais facteurs de bonheur : la famille, les amis et un travail épanouissant. Une fois ces corrélations constatées, difficile de savoir précisément si c'est un défaut d'estime de soi qui pousse un individu à se tourner vers la consommation (pour pallier un sentiment d'insécurité) ou si, à l'inverse, ce sont les valeurs matérialistes qui cultivent le manque d'estime de soi. Pour Kasser, il est évident que chacun peut être amené à vivre des expériences douloureuses qui augmentent le sentiment d'insécurité, source de malheur et d'insatisfaction. Or nos besoins de sécurité doivent être satisfaits pour être en bonne santé mentale. Ce sentiment d'insécurité nous pousse donc à trouver des stratégies de compensation : le consumérisme est l'une d'entre elles, qui survient à la fois en raison de prédispositions individuelles et des stimulations externes de notre société suggérant que l'argent peut acheter la sécurité.

Pour autant, cette stratégie ne semble pas en mesure de satisfaire nos besoins psychologiques : comme d'autres approches qui aident les individus à augmenter leur bien-être à court terme (isolement, déni du problème ou plaisirs hédonistes comme l'alcool ou le sexe), tout semble montrer qu'un mode de vie axé sur les valeurs matérialistes entretient voire aggrave à long terme le sentiment d'insécurité. Kasser affirme en effet que l'état émotionnel d'un individu est lié à la distance qui le sépare d'une situation qu'il considère comme idéale : dans cette perspective, la consommation est une course sans fin pour rattraper les voisins, car il y aura toujours quelqu'un de plus riche et de socialement mieux loti que soi… Le chercheur cite par exemple un article du *New York Times* évoquant le cas de Jim Clark[23], fondateur de Netscape et d'autres start-up informatiques : « Avant de créer Silicon Graphics, Clark estimait qu'une fortune de 10 millions de dollars le rendrait heureux ; après Netscape, ce chiffre était passé à 100 millions de dollars ; avant Healtheon, c'était 1 milliard ; ensuite, il avait confié qu'il serait satisfait lorsqu'il aurait plus d'argent que Larry Ellison, lequel, après avoir créé l'éditeur de logiciels Oracle, était à la tête d'une fortune de 13 milliards de dollars. »

Cet exemple n'est pas un cas isolé : les études sur « l'économie du bonheur » montrent qu'une fois dépassé un seuil minimum, la consommation ne fait pas progresser le sentiment subjectif de bien-être. Pire : les populations les plus aisées, dès lors qu'elles ne consomment plus pour couvrir leurs besoins de base, entrent dans ce que les économistes appellent la consommation statutaire ou ostentatoire. La consommation n'a alors plus pour but de répondre à des besoins mais de nous positionner dans l'échelle sociale : nous consommons pour faire comme les autres, pour rattraper nos voisins, pour ressembler aux « rôle modèles » que nous proposent les séries télévisées et la publicité — mais cette course sans fin au bonheur matériel nous rend inévitablement plus frustrés et malheureux, puisqu'il se trouve toujours un voisin, un ami, une célébrité, un personnage dans une publicité pour nous donner envie d'avoir plus, mieux, etc. C'est ici que le lien entre les inégalités et le mal-être individuel se fait : dans une société digitale de plus en plus transparente, les inégalités sont source de malheur parce qu'elles donnent à voir le bonheur des autres…

Poussons plus loin cette hypothèse avec les travaux de la New Economics Foundation. Son « Happy Planet Index » classe les pays en fonction d'une combinaison de trois critères : l'espérance de vie, le bien-être déclaré par la population dans les enquêtes de satisfaction et l'empreinte écologique du mode de vie. Les résultats sont instructifs : en 2012, sur 151 pays étudiés, les États-Unis arrivaient à la… 105e place ! Et la Grande-Bretagne, premier pays d'Europe, n'était qu'à la 41e place, tandis que la France et l'Allemagne pointaient respectivement aux 50e et 46e places. Sur les neuf premiers pays, huit étaient en Amérique latine et aux Caraïbes : le Brésil, la Colombie et l'Argentine arrivaient loin devant l'Allemagne, la Grande-Bretagne et l'Irlande… Si l'on prend l'exemple du Costa Rica, classé à la première place, on constate que les citoyens y vivent plus longtemps et se disent plus heureux que les Américains, alors que leur empreinte écologique est le tiers de celle des États-Unis. La conclusion rejoint celle d'une étude de l'American Psychological Association[24], menée en 2000, qui montrait que la croissance économique qu'ont connue les États-Unis entre 1956 et 1998, bien qu'ayant quasiment doublé le pouvoir d'achat de la plupart des citoyens, n'avait pas du tout fait progresser le niveau de bonheur. Autrement dit : le mode de vie occidental et son consumérisme effréné sont peut-être bons pour le PIB mais s'avèrent peu efficaces puisque, en plus des impacts désastreux sur la planète, ils ne parviennent même pas à rendre les gens plus heureux, ni à les faire vivre plus longtemps…

Inégalités sociales, dérèglements écologiques, frustrations : ces trois grandes critiques de l'idéal d'abondance ne sont pas reprises par les mêmes publics. Les organisations internationales de développement (comme le PNUD) insistent plus volontiers sur les inégalités sociales, tandis que les ONG environnementales mettent l'accent sur la pression environnementale et qu'un nombre croissant d'économistes ou de psychologues pointent l'absence de corrélation entre croissance économique, matérialisme et bonheur. Mais tous s'accordent à dire que la question des modes de vie et de notre surconsommation est primordiale et doit être traitée. Il y a tout particulièrement urgence à faire en sorte que les gains environnementaux liés à la productivité accrue des ressources ne soient pas annulés par les effets dits « rebonds », que les comportements de consommation et la course à la nouveauté ne précipitent pas les produits durables vers l'obsolescence accélérée, et que la croissance continue de la demande ne mine pas les progrès réalisés grâce à des produits plus propres et durables.

Les moteurs de l'addiction

- *« Le mode de vie américain n'est pas négociable »*

Pendant les préparatifs du Sommet de la Terre à Rio en 1992, Tim Jackson[25] raconte que les pays occidentaux, États-Unis en tête, insistaient sur la nécessité de contrôler la natalité en vue de résoudre les problèmes écologiques. Les représentants des pays du Sud contraient cet argument en pointant la surconsommation des pays riches et dénonçaient aussi le fait que des contraintes environnementales imposées aux pays du Sud réduiraient encore leur capacité de consommer, dans un contexte où la majorité manquait de l'essentiel. La réponse faite à l'époque par les pays occidentaux est tout entière résumée dans la célèbre formule de George Bush père : « Le mode de vie américain n'est pas négociable[26]. » L'issue de Rio était inévitable : puisque le Nord ne pouvait imaginer changer ses modes de vie et que le Sud n'acceptait pas de contrôler sa démographie ou de limiter sa capacité de consommation, le débat se concentra logiquement dans les années suivantes, malgré les progrès relatifs constitués par l'Agenda 21, sur le sujet plus consensuel de l'efficacité technologique permettant d'alléger l'impact de nos modes de consommation, sans les remettre en cause.

Or la plupart des responsables politiques connaissent pertinemment le problème que représente notre surconsommation et savent bien que le progrès technologique n'est pas la solution. Ils concèdent aussi, dans des discussions informelles, que pour commencer à traiter le problème, il faudrait déjà transgresser le tabou de la surconsommation. Mais aucun n'est prêt à se lancer le premier et tous, par leur silence complice, l'entretiennent. Le dogme de la croissance économique n'est pas près de tomber : l'idée de parler de lutte contre la surconsommation engendre, selon les cas, une peur panique ou une ironie mordante, comme si l'on proposait de retourner à l'âge de pierre. Impossible, disent-ils, d'en parler aux entreprises, focalisées sur la croissance de leurs ventes et brandissant l'épouvantail du chômage ; impossible aussi, selon eux, d'en parler aux citoyens, qui veulent préserver leur niveau de vie et les plaisirs que leur offre la consommation, même s'ils sont factices.

La croissance est le saint Graal de l'ensemble des politiques, et la progression de la consommation en est le moteur : le PIB français repose ainsi à 58 % sur la consommation des ménages, celui du Brésil à 71 %, et celui des États-Unis à 69 %[27]. Les politiques économiques modernes se divisent d'ailleurs en deux grandes écoles… qui alimentent toutes deux la surconsommation et l'obsolescence accélérée : les keynésiens misent sur « l'augmentation du nombre de consommateurs et, si possible, de l'épaisseur de leur portefeuille », et les schumpéteriens postulent que « le vrai moteur de la croissance est l'innovation qui rend peu à peu obsolètes tous les reliefs du passé[28] ». C'est vrai en période de campagne électorale, où l'augmentation du pouvoir d'achat est une promesse obligée, tous partis politiques confondus. C'est également vrai en temps de récession, où face à la détérioration rapide de la situation économique, l'envolée du chômage et la menace de troubles sociaux, les dirigeants des grands pays industrialisés se fient aux économistes de tous bords, de plus en plus nombreux depuis 2008 à prôner le salut de l'économie mondiale par une relance massive de la consommation[29].

Les politiques s'échinent donc, en période de crise, à chercher « comment déclencher chez les ménages l'envie de consommer à nouveau dans un contexte où ils sont paralysés par l'avenir, par la peur de perdre leur emploi et leurs revenus[30] ». Et comment faire dépenser à nouveau de l'argent à des ménages qui auraient plutôt tendance à épargner ? Certains États ont ainsi fait le choix de « subventionner » directement leur consommation : Taïwan a distribué à 23 millions de citoyens des coupons d'une valeur de 3 600 dollars taïwanais (80 euros), et le président, Ma Ying-jeou, a lui-même donné l'exemple en faisant son shopping devant les caméras de télévision. C'est aussi ce qu'avait fait l'administration Bush en janvier 2008 sous la forme de dégrèvements d'impôts de 800 à 1 600 dollars accordés aux ménages américains. Une autre incitation à acheter consiste à baisser la TVA, comme au Royaume-Uni.

- *La consommation, une nouvelle religion*

Tout est donc fait pour nous inciter à (sur) consommer, y compris — et peut-être même surtout — en période de crise. Les journaux nous racontent la vie des gagnants à la loterie, les guides pratiques pour s'enrichir rapidement caracolent en tête des ventes (à côté de ceux qui livrent les recettes pour accéder au bonheur !), les « people » riches et célèbres se font les égéries de produits aussi variés que des montres, des yaourts ou des mascaras : bref, tout semble nous dire que le bonheur est à portée de carte bancaire, sur Internet, dans les rayons des supermarchés... Au total, ce sont en moyenne quelque 2 500 messages publicitaires qui arrivent chaque jour au cerveau des consommateurs occidentaux[31], pour apprendre comment remplir sa vie de bonheur grâce à la consommation d'un produit ou d'un autre.

Depuis cinquante ans, les pratiques de consommation et d'accumulation de biens matériels s'apparentent à ce que Joseph Stiglitz, prix Nobel d'économie, appelle « le fanatisme du marché, cette nouvelle religion[32] ». Les Français n'échappent pas à ce phénomène : le volume annuel de consommation par personne est aujourd'hui trois fois plus élevé qu'en 1960. Une progression qui révèle un profond bouleversement de la structure du budget des familles : chute de la part réservée à l'alimentation, aux biens d'équipement du foyer et à l'habillement ; envolée des services tels le logement, les transports, la santé, la communication, l'éducation ou les loisirs[33].

De plus, la consommation de masse a outrepassé son simple rôle économique pour atteindre une valeur symbolique de premier plan dans nos vies. On subit la pression sociale autour de la réussite et du statut que confèrent les biens matériels. « Les biens matériels sont devenus un langage à travers lequel nous communiquons les uns avec les autres sur ce qui compte vraiment, au-delà du statut social : famille, identité, amitié, communauté, sens de la vie. Nous exprimons même, à travers les cadeaux que nous offrons et recevons, nos sentiments, nos aspirations et nos rêves…[34] » Ce langage est même la trame dont sont faites les relations sociales, car la consommation est avant tout un moyen de participer à la société, de marquer son appartenance. Dans ce jeu, la course à la nouveauté tient un rôle décisif tant du côté des entreprises que des consommateurs : Schumpeter a bien expliqué le rôle de cette « destruction créatrice » qui agit comme un accélérateur du rythme de la consommation. Un dessin de Chappatte dans l'*International Herald Tribune* illustrant le lancement de l'iPad résumait très bien le concept : on y voyait Steve Jobs en train de présenter son tout nouveau produit à la foule en expliquant qu'« il simplifie plein de tâches que vous n'aviez pas à faire avant ». Notre envie de consommer des objets repose donc sur bien autre chose que leur utilité réelle. Ainsi, et c'est le cas pour tous les produits informatiques frappés d'obsolescence, le produit nouveau fait passer des informations importantes sur le statut social de celui qui le possède tout en permettant de projeter dans le réel nos rêves d'une vie meilleure. Mais cette course à la nouveauté est au bout du compte facteur d'épuisement et d'insatisfaction pour tout le monde. Tim Jackson le souligne : « Pour les individus qui sont à la merci de la comparaison sociale ; pour les entreprises qui doivent innover ou mourir ; et pour les institutions qui tordent leur objet afin de se consacrer à la poursuite du consumérisme et du matérialisme, puisque la survie de l'économie dépend de la croissance de la consommation[35]. »

La prise de conscience de cette « ruse » de la consommation qui fabrique notre malheur en prétendant nous rendre plus heureux est-elle imminente ? Et surtout, suffira-t-elle à nous faire changer ? Rien n'est moins sûr, même si, remarque Kasser, « ce n'est que lorsque le lien entre le tabac et le cancer a été prouvé scientifiquement que les gens ont réellement commencé à arrêter de fumer ». Porter à la connaissance du public la masse des études établissant le lien entre mal-être et consommation serait donc un début, même si la réponse à un problème social ne peut se contenter d'être individuelle et doit être collective.

Or que nous dit la société sur les méfaits de la surconsommation ?

Les politiciens déplorent certes que la culture consumériste ait progressivement remplacé les valeurs communautaires et familiales... mais ils placent la relance de la consommation et du pouvoir d'achat au centre de tous leurs programmes politiques et de leurs stratégies de sortie de crise ! Les religions nous expliquent qu'il est plus difficile pour un riche d'entrer au royaume des cieux que pour un chameau de passer par le chas d'une aiguille... mais elles sont désaffectées, et celles qui rencontrent le plus de succès à la surface du globe sont menées par des télévangélistes qui font appel en permanence aux dons de leurs fidèles.

La consommation est avant tout un fait social, un mode de participation à la société. Les individus croient au matérialisme, car ils vivent dans une société droguée à la consommation... mais qui fait tout pour se masquer cette addiction à elle-même.

Chapitre 2

Nos mécanismes de déni

La crise ne nous rend pas seulement libres d'imaginer d'autres modèles, un autre avenir, un autre monde. Elle nous y oblige.

NICOLAS SARKOZY,
président de la République, 2009[1]

Je voudrais dire un mot de toutes ces questions d'environnement, parce que là aussi, ça commence à bien faire.

NICOLAS SARKOZY,
président de la République,
en visite au Salon de l'agriculture
à Paris, 2010

La remise en cause de notre modèle et notre désaddiction au consumérisme ne se feront pas simplement. Les résistances sont à l'œuvre dans nos esprits, dans les discours de nos dirigeants, dans les médias, dans les chiffres sur lesquels nous fondons notre compréhension du monde et prenons nos décisions : tout est mis en œuvre, consciemment ou inconsciemment, pour que cet angle mort de notre société occidentale le reste et que jamais, au grand jamais, la surconsommation n'apparaisse comme un problème à nos consciences.

Dans notre « société de consolation[2] », ces résistances sont normales : elles sont le propre de tout être humain confronté à un changement et font partie des étapes incontournables de ce que les psychologues appellent la courbe du deuil où, avant d'accepter la nouvelle situation et de pouvoir s'engager à construire l'avenir, l'individu passe par des états de déni, de perte de repères, voire de colère.

Dans le cas de notre addiction à la consommation, cela se traduit par un certain nombre de discours récurrents, dont voici les principaux.

« Non à la décroissance ! C'est le retour à l'âge des cavernes ! »

Poser le problème de la surconsommation n'est pas faire l'apologie de la décroissance, et encore moins prôner le retour à l'âge de pierre.

À écouter certains extrémistes ou à lire des journaux comme *La Décroissance*, curieusement affublé du sous-titre « Le journal de la joie de vivre », il est vrai que la lutte contre la surconsommation s'accompagne souvent d'un rejet parfois violent de la modernité. On peut partager cette préoccupation, sans en embrasser l'approche.

Il est vrai que la consommation matérielle joue désormais un tel rôle dans nos sociétés modernes, particulièrement occidentales, qu'il est logique de craindre une déstabilisation sociale majeure lorsqu'on envisage de la remettre en cause. L'économiste britannique Paul Ekins définit le consumérisme comme une orientation culturelle où « la possession et l'utilisation d'un nombre et d'une variété croissants de biens et services sont les principales aspirations [...] et le chemin perçu comme le plus sûr vers le bonheur individuel, le statut social et le progrès national[3] ». Ainsi, le consumérisme, qui nous conduit à associer accumulation matérielle et bien-être, nous est devenu si « naturel » qu'il est difficile d'envisager une modification en profondeur de notre mode de vie qui ne serait pas absolument révolutionnaire ! Comme le suggère Edgar Morin, il s'agit avant tout de mettre l'accent sur « la qualité de la vie, le bien-vivre et non le seul bien-être, lequel, réduit à ses conditions matérielles, produit du mal-être[4] », et d'explorer les voies d'une société « sobre et désirable », pour reprendre le titre de l'ouvrage[5] de la Fondation Nicolas Hulot pour la nature et l'homme. « Moins de biens, et plus de liens », réclament les promoteurs du mouvement de la simplicité volontaire.

- *La réalité : il n'est pas question de se priver mais d'être plus heureux*

Nous devons à l'évidence faire décroître dès aujourd'hui et de manière sélective notre impact environnemental, nos émissions de gaz à effet de serre et les prélèvements de ressources naturelles... mais pas la qualité de vie, la santé, les emplois, les richesses à partager et le bonheur ! Il est urgent d'explorer d'autres modes d'accès aux produits (économie de fonctionnalité, partage, location, circuits courts...) et d'encourager une croissance qui repose moins sur les biens matériels et davantage sur les services de proximité. Dans cette optique, la consommation marchande perd son rôle central dans les rapports humains, mais d'autres formes d'échanges marchands, dématérialisés, peuvent émerger. Il s'agit moins d'une « dé-consommation » que d'une nouvelle écologie domestique porteuse d'une meilleure qualité de vie pour tous et chacun, quels que soient les revenus. Si l'on prend le marché automobile, cela revient notamment, comme tentent de le faire des villes comme Londres ou Tallinn (première capitale européenne à avoir mis en place la gratuité totale des transports en commun début 2013), à faire décroître le nombre de voitures sur les routes et donc les embouteillages, la pollution ou le nombre d'accidents (qui songerait à s'y opposer ?), mais aussi le coût de la mobilité pour les ménages, pour trouver des moyens plus économiques, pratiques, plaisants et écologiques de se déplacer en voiture (autopartage, location, transports en commun, etc.).

Mais il est vrai que le nouvel horizon culturel et social qui relativiserait la place de la consommation dans nos vies reste encore à inventer et à dessiner, précisément pour convaincre ceux que le spectre de la décroissance effraie. Cela supposerait d'abord de reconnaître que la surconsommation est le problème et que la décroissance n'est pas la solution, mais aussi de mobiliser économistes, philosophes, penseurs, sages ou artistes dont les dirigeants pourraient s'inspirer en articulant un projet de société post-consumériste ambitieux et attractif. Puisque les objets censés nous apporter le bonheur n'ont pas réussi à nous combler, il nous faut changer l'idée même du bonheur : c'est ce que tente de faire Pierre Rabhi avec sa vision d'une « sobriété heureuse ». C'est un travail sur lequel nous ne pourrons pas faire l'impasse.

« Le progrès technique va résoudre le problème. »

C'est le credo des acteurs économiques. Face aux partisans du principe de précaution et de la responsabilité vis-à-vis des générations futures, cette conviction semble résolument positive et optimiste : « J'ai confiance dans la science et dans le génie humain pour trouver la solution, et d'ailleurs, si on restait sans arrêt dans la peur comme vous le faites, on n'avancerait pas, on n'inventerait rien. » On a envie d'y croire, de passer du côté des entrepreneurs, des inventeurs et des défricheurs, de quitter la compagnie des prudents, des timorés et des

« pas drôles » qui préfèrent perpétuer ce qui est plutôt que d'imaginer ce qui n'est pas encore…

Pourtant, la posture intellectuelle qui consiste à mettre l'esprit d'entreprise et l'audace du côté de ceux qui créent à la légère un problème environnemental ou sanitaire lourd de conséquences ne tient pas la route. Il est vrai, comme le disait Anita Roddick, la fondatrice de The Body Shop, que l'entrepreneur a en commun avec le fou de voir ce que les autres ne voient pas… Mais ce grain de folie bienvenu vire à l'irresponsabilité si on perd de vue le principe clé du serment d'Hippocrate : « D'abord, ne pas nuire… »

Ceux qui pensent que le progrès technique résoudra tous les problèmes n'ont d'ailleurs que de rares cas à présenter pour étayer leur propos, le plus connu étant celui des CFC. Jusque dans les années 1980, les aérosols d'hygiène-beauté libéraient des CFC (chlorofluorocarbones), gaz propulseurs ininflammables, inodores et stables mais détruisant la couche d'ozone avec les conséquences désastreuses qu'on connaît. Ces gaz ont été interdits en Europe et en Amérique du Nord, remplacés par des substituts comme les HFC, qui ne détruisent pas la couche d'ozone (mais contribuent au changement climatique). Grâce à une série de mesures prises au milieu des années 1990, on a réduit de façon substantielle l'effet de réchauffement global imputé aux produits aérosols[6], et la couche d'ozone commence à se reconstituer, de sorte qu'elle devrait retrouver d'ici à 2050 son niveau d'avant 1980.

Alors, vous voyez bien que c'est possible ? Oui, mais la protection de la couche d'ozone stratosphérique est un cas unique d'adoption internationale et concertée du principe de précaution. Le « miracle » des HFC (qui n'en est de toute façon pas encore un puisque la « réparation » annoncée de la couche d'ozone n'est pas effective...) est parti pour rester un cas isolé. Dans tous les autres secteurs, nous assistons à l'effet inverse, connu sous le nom d'effet rebond.

• *La réalité : les effets rebonds*

Les progrès techniques permettant un bénéfice environnemental du produit sont plus que largement annulés par l'augmentation de la consommation de ce produit.

Un exemple emblématique est fourni par la téléphonie mobile. Depuis l'apparition des premiers portables au début des années 1980, la quantité de matières nécessaire pour produire un téléphone a été considérablement réduite grâce aux progrès technologiques. Le téléphone portable de 1983 pesait 500 grammes ; sept ans plus tard, il ne faisait plus que 300 grammes en moyenne, et les plus légers d'entre eux sont aujourd'hui passés sous les 100 grammes. Mais cet allègement s'est accompagné d'une diminution importante du prix des portables (en 1983, les premiers modèles aux États-Unis coûtaient 3 500 dollars), et d'une démocratisation de leur utilisation ainsi que d'un renouvellement accéléré des modèles. Un milliard de téléphones étaient en circulation en 2002 et plus de 2,5 milliards fin 2009, dont 1 milliard d'unités vendues pour la seule année 2009, ce qui aura nécessité l'extraction de 15 000 tonnes de cuivre, 350 tonnes d'argent, 30 tonnes d'or et 14 tonnes de palladium. Parallèlement, le stock de portables obsolètes augmente de manière exponentielle, et le taux de recyclage demeure si faible que ces métaux (environ 25 % du poids d'un mobile) ne sont ni récupérés ni réutilisés. Autrement dit, l'allègement des téléphones les a certes rendus moins gourmands en matières premières, mais ce progrès a été annulé par l'explosion des ventes et la diminution de leur durée de vie moyenne, de sorte qu'il faut de plus en plus puiser dans les ressources naturelles pour répondre à la demande[7].

On retrouve un phénomène identique dans d'autres secteurs, comme l'automobile ou la consommation énergétique des ménages. Les voitures particulières consomment moins et sont plus propres, mais il y en a beaucoup plus. L'explication est à chercher à la fois dans le taux d'équipement des ménages et dans l'utilisation croissante de la voiture individuelle pour le moindre déplacement. Même chose du côté de la consommation d'énergie des particuliers qui aurait augmenté en France de plus de 78 % en dix ans. En effet, les économies réalisées du côté de l'électroménager n'ont pas suffi à juguler l'explosion des consommations liées à l'audiovisuel et à la bureautique : multiplication des équipements, et notamment de périphériques très « énergivores[8] ».

À l'évidence, sur beaucoup de marchés, les gains obtenus par le progrès technique et l'éco-efficacité croissante des appareils ne suffisent pas à compenser la forte progression du taux d'équipement et des volumes vendus, qui fait exploser l'impact environnemental. Sans compter que souvent, les ruptures technologiques résolvent d'un côté des problèmes qu'elles nourrissent de l'autre : l'essor de la voiture électrique semble résoudre le problème de la pollution atmosphérique et des émissions de CO_2… sauf qu'en Chine, désormais premier marché mondial pour l'automobile, l'électricité est essentiellement produite par des centrales à charbon, qui émettent autant de CO_2 que des véhicules Diesel ! Le résultat est que le progrès technique ne suffira sans doute pas à atteindre les réductions de facteur dix dans l'utilisation d'énergie et de ressources dont plusieurs experts affirment qu'elles sont nécessaires au développement durable des pays occidentaux d'ici trente à cinquante ans. Et les scénarios de l'Agence internationale de l'energie (AIE) établissent que seulement 50 % des réductions d'émissions de gaz à effet de serre viendront de progrès technologiques : la moitié restante devra provenir de l'évolution de nos modes de vie et de nos comportements.

« Et la croissance verte ? Croissance et écologie sont parfaitement compatibles ! »

« La croissance verte » est présentée comme une solution aux problèmes environnementaux et au chômage. Derrière ce terme s'exprime l'idée, pas forcément saugrenue, que les nouvelles technologies « vertes » (métiers de l'environnement et des énergies renouvelables, bâtiments écologiques, efficience et transition énergétiques, *smart grids*, mobilité douce et autres villes intelligentes...) pourraient à la fois mettre un terme à la dégradation de la planète et permettre la création de nouveaux emplois non délocalisables, compensant la perte des postes dans les « vieux » secteurs de l'industrie polluante. Une approche qui plaît autant aux décideurs politiques, soucieux de mettre du vert dans leur discours sur la relance économique, qu'à ceux qui leur reprochent de faire passer la préoccupation économique au premier rang et de repousser sans cesse la question de l'écologie. Loin d'une écologie « punitive », l'idée que l'écologie peut être un moteur du progrès « économique et social dans le respect de la biodiversité[9] » a évidemment de quoi séduire : 100 000 emplois promis par-ci[10], 500 000 esquissés par-là[11] dans l'Hexagone, voire des millions au niveau mondial[12]. Les défenseurs de la « croissance verte » affirment qu'il n'est pas nécessaire de choisir entre économie et écologie, et que « bien s'occuper de l'écologie peut devenir un réel moteur de la reprise en transformant le système actuel qui est à bout de souffle », en ouvrant la « perspective d'une croissance nouvelle[13] ». Leur argument consiste à avancer que la limite de la croissance, aujourd'hui, est moins dans la rareté des ressources que dans notre manque de capacité à innover afin de gérer ces ressources tout en protégeant les écosystèmes et le capital naturel. Il suffirait, pour protéger le capital naturel, d'intégrer au prix des produits le coût de la pollution et de faire payer aux acteurs économiques le coût de la dégradation des écosystèmes, partant du principe que si l'accès au capital naturel reste gratuit, on continuera à le détruire ! Pour les tenants de cette option, le système européen des quotas de carbone, la fiscalité verte ou les schémas de type « bonus-malus » montrent la voie, malgré des succès mitigés.

- *La réalité : il ne peut y avoir d'écologie sans désaddiction à la consommation de biens matériels*

S'il est impératif de donner au plus vite un prix aux « externalités environnementales », rien ne prouve que cela suffirait à inverser la tendance. Fondamentalement, un système économique en croissance permanente ne peut pas être compatible avec un système écologique fini. Or même les afficionados de la « croissance verte » veulent remettre l'économie sur les rails d'une croissance continue… alors que la croissance n'est sans doute pas envisageable sans une exploitation constante des ressources. L'histoire industrielle est riche en situations où les progrès techniques ont au contraire été utilisés non pas tant pour alléger l'impact environnemental que pour consommer davantage, par le phénomène d'effet rebond. Comme nous l'avons vu, une automobile actuelle consomme moins d'essence au kilomètre que celle d'il y a dix ans… mais il y en a beaucoup plus en circulation, et elles sont davantage utilisées ; de même, le téléphone portable actuel est bien plus léger que les premiers modèles, mais il est utilisé bien plus souvent, et bien plus longtemps, par bien plus d'utilisateurs.

Ainsi, la notion de découplage (qui vise à déconnecter l'augmentation de l'activité économique de celle des impacts écologiques) relève du mythe. Si le découplage relatif, qui consiste à accroître l'efficacité technique pour utiliser moins de ressources par unité produite (et continuer ainsi à consommer autant ou plus) fonctionne, il semble pour l'instant irréaliste d'espérer un découplage absolu, qui diminuerait l'impact sur les ressources écologiques dans un contexte où la production et la consommation augmentent. Certes, l'intensité carbone de nos activités est passée d'environ 1 kilo par dollar, il y a trente ans, à 770 grammes aujourd'hui, soit une diminution d'environ un tiers depuis 1970. Mais cela ne nous a pas empêchés d'augmenter les émissions globales de CO_2 de 40 % depuis 1990. Pour que la planète puisse héberger en 2050 les 9 milliards de personnes annoncées (aspirant toutes au mode de vie occidental), il nous faudrait, rappelle Tim Jackson, réduire en moyenne de 11 % par an l'intensité carbone des activités humaines, c'est-à-dire adopter un rythme seize fois plus important que celui que nous suivons depuis 1990. Si nous voulons stabiliser le climat, cette intensité carbone devrait en effet être de 6 grammes seulement par dollar, soit cent trente fois moins qu'aujourd'hui[14] ! Des investissements massifs sont requis pour se rapprocher de cet objectif (1 % du PIB mondial chaque année, estimait Nicholas Stern dans son rapport sur l'économie du changement climatique en 2006), mais rien ne permet d'affirmer aujourd'hui, de manière crédible, que cela se produira et qu'en modifiant un tout petit peu la fiscalité et les règles de fonctionnement du capitalisme, nous mobiliserons son efficacité pour sauver le climat et les écosystèmes…

« Peu importe que la consommation augmente, pourvu que l'on recycle. »

Dans l'idéal d'une économie totalement circulaire, ou mieux encore respectant les principes du *cradle to cradle* (« du berceau au berceau ») cher à Bill McDonough et Michael Braungart, les produits seraient conçus soit pour pouvoir être aisément démontés (les pièces pouvant être réutilisées ou recyclées), soit pour être biodégradables et retourner de manière parfaitement non toxique à la terre. Dans cette vision idéale, le recyclage fonctionne et peut permettre de faire du neuf avec du vieux, à l'infini… Il n'en faudrait pas moins continuer à puiser dans les ressources naturelles pour alimenter l'augmentation de la consommation, ce qui ne résoudrait que partiellement le problème de la surconsommation. Cela, évidemment, n'enlève rien à l'intérêt et aux vertus du recyclage : il contribue à réduire la pollution et les émissions de gaz à effet de serre, à préserver les ressources naturelles, à créer des emplois non délocalisables, à sensibiliser les consommateurs, jeunes ou moins jeunes, et à faire des économies. C'est pour cela que les pouvoirs publics encouragent à juste titre le recyclage dont la pratique progresse lentement, quand elle ne plafonne pas.

- *La réalité : le recyclage ne concerne qu'une toute petite partie de notre production*

Dans l'Europe des vingt-sept, 35 % en moyenne des déchets municipaux étaient recyclés en 2010 contre 23 % en 2001, soit une amélioration significative[15]. Mais l'objectif européen est de 50 % en 2020, et seuls cinq pays l'ont déjà atteint : l'Autriche (63 %), l'Allemagne (62 %), la Belgique (58 %), les Pays-Bas et la Suisse (51 % dans les deux cas). Dans les autres pays, les scores sont moins reluisants, et l'on craint que l'objectif communautaire ne soit pas atteint. La réduction à la source reste la priorité et, sur ce front-là, les progrès sont encore plus lents : ainsi, la baisse du volume de déchets par habitant constatée en Europe entre 2001 et 2010 (-3,6 %) pourrait bien n'être liée qu'à la récession, puisque les chiffres n'avaient quasiment pas bougé entre 2001 et 2007.

En outre, ces taux de recyclage recouvrent des réalités bien différentes selon les matériaux. On aurait tort de penser, par exemple, qu'il en va du plastique comme du verre ou de l'aluminium. Contrairement à ce que laissent croire les sigles sur les emballages, tous les plastiques utilisés ne sont pas recyclables et, à la différence du verre et de l'aluminium, la plupart ne sont pas recyclés pour fabriquer d'autres emballages mais des produits textiles ou des matières industrielles elles-mêmes non recyclables. Le recyclage ne réduit donc pas nécessairement les quantités de plastique neuf utilisées pour les emballages. En France, les déchets en plastique recyclé représentent 19 % des volumes jetés, et la part de plastique recyclé n'est que de 23,5 % dans le secteur de l'emballage[16]. Les deux principaux plastiques effectivement recyclés sont le PET (les bouteilles transparentes ou colorées) et le PEHD (les bouteilles opaques type lait ou lessive). En revanche, le PVC ou les sachets en plastique ne sont pas recyclés, car cela coûte trop cher : ils sont brûlés dans les incinérateurs pour produire de l'énergie. Au point d'ailleurs que certaines marques, comme Electrolux, qui emploie déjà 70 % de plastique recyclé pour les aspirateurs de sa gamme Green, se plaignent d'une pénurie de plastique recyclé. Aux États-Unis, où l'incinération est moins répandue que chez nous, 93 % des plastiques ne sont pas récupérés et vont directement à l'enfouissement. Même si certaines marques de vêtement recyclent des bouteilles en PET pour fabriquer des laines polaires, dans la foulée du leader californien Patagonia, le taux de recyclage est encore faible puisque 62 % d'entre elles ne sont toujours pas récupérées[17].

Le photographe américain Chris Jordan a bâti une partie de son œuvre autour des déchets en plastique dont les chiffres astronomiques dépassent l'entendement au point que personne, selon lui, n'arrive à se figurer ce que cela représente vraiment. Pour donner une idée du nombre de bouteilles en plastique jetées aux États-Unis toutes les cinq minutes, Jordan figure huit terrains de football recouverts d'une épaisse couche de bouteilles. Toujours aux États-Unis, pour les seules bouteilles d'eau mises au rebut chaque semaine, le photographe propose l'image d'une ligne de bouteilles en plastique faisant cinq fois le tour de la Terre.

Certains avancent que, dans un contexte de pénurie terrestre, le plastique flottant déjà dans les océans pourrait constituer une source fiable de matière à recycler, mais les initiatives vertueuses de recyclage du plastique marin, menées par des marques engagées comme Method ou Electrolux, ne doivent pas nous leurrer. Alors qu'un sixième continent de plastique, de la taille du Texas, dérive quelque part dans le Pacifique, ce gisement de matière est disparate, très difficile à repérer et plus encore à récupérer. De plus, le coût du recyclage est élevé, car les ultra-violets émis par le soleil modifient la composition du plastique et le fragilisent, et aussi parce que la collecte des déchets nécessite une importante main-d'œuvre. Un concert de voix s'élève donc pour affirmer que la pollution plastique ne sera pas réglée au niveau planétaire par le recyclage mais au contraire qu'en perpétuant le mythe du recyclage, du plastique, on retarde l'adoption de solutions plus efficaces et durables : l'élimination pure et simple des plastiques à usage unique, la limitation des emballages, le choix d'emballages recyclés et recyclables, l'application du principe de responsabilité étendue des producteurs... De fait, ces mesures sont souvent difficiles à faire passer et à appliquer : la France a dû revenir sur une interdiction des sacs en plastique gratuits en supermarchés votée en 2004 pour s'aligner sur la réglementation européenne sur le recyclage, bien qu'entre-temps, un nouveau projet législatif adopté par la commission de l'environnement début 2014 vise à réduire de 50 % l'utilisation de sacs en plastique d'ici à 2017, et 80 % d'ici à 2019.

Qu'en conclure ? Quelques initiatives ambitieuses sont porteuses d'espoir et prouvent que l'on pourrait faire infiniment mieux. Ainsi, la ville de San

Francisco affiche d'ores et déjà un taux de recyclage ou de valorisation des déchets de 80 % (disparition des décharges à l'horizon 2020, programme de compostage urbain et interdiction des sacs en plastique de caisse). À partir de cet exemple unique outre-Atlantique, les observateurs notent que « pour passer la barre des 50 % de taux de recyclage et plus encore celle des 75 %, il faut nécessairement renoncer à certaines matières premières sacrées, comme le plastique ou le polystyrène. Ensuite, il ne s'agit plus tellement de consommation, mais de culture, de conscience et de compréhension du fait que nous sommes sur une planète finie où ce que l'on jette ne disparaît qu'à nos yeux[18] ».

« Les chiffres officiels montrent que nous réduisons notre impact sur l'environnement. »

Pour institutionnaliser un tabou, rien de tel que de l'ancrer dans la comptabilité environnementale des nations. Depuis le Protocole de Kyoto, les émissions de gaz à effet de serre sont donc calculées non pas sur la base de ce qui est consommé dans le pays mais de ce qui y est produit. Du coup, les pays (en particulier les pays occidentaux) ne s'estiment comptables que des émissions de gaz liées à ce qui est produit à l'intérieur de leurs frontières, et se réjouissent lorsque ces émissions baissent pour de bon ! Mais ils oublient de prendre en compte les émissions liées à ce qui est importé puis consommé dans le pays, au motif que ces émissions se produisent hors de leurs frontières… Une subtilité qui permet de se défausser sur la Chine, désormais en tête des pays les plus émetteurs de CO_2 mais aussi sur les pays les plus pauvres, tout en ignorant superbement que presque un quart des émissions sur le territoire chinois sont liées à la production de biens et services destinés à l'exportation, le plus souvent vers les pays développés (dont 8 % pour le seul marché américain)[19].

- *La réalité : les pays riches restent bien les premiers responsables*

Avec la globalisation des marchés, les usines de production se sont en effet déplacées des pays riches vers les pays pauvres. Par conséquent, les émissions « territoriales » qui sont les seules prises en compte dans les calculs officiels ne reflètent plus la réalité de nos impacts. Des pays comme l'Autriche, la France ou la Grande-Bretagne masqueraient ainsi, *via* leur consommation de produits fabriqués hors de leurs frontières, environ un tiers de leurs émissions totales de CO_2. Plus le pays importateur est petit, plus la part relative de ces émissions « cachées » est importante : la Suisse « externaliserait » ainsi plus de la moitié de ses émissions, tandis qu'aux États-Unis, 11 % des émissions liées à la consommation domestique sont produites hors du pays. En Angleterre, le gouvernement s'est félicité en 2008 de la réduction de ses émissions de gaz à effet de serre (de 19 % depuis 1990). Mais, selon un rapport du Parlement britannique[20], si on avait pris en compte les émissions globales, y compris celles liées à la consommation de biens importés, ce n'est pas une réduction de 19 % qu'on aurait obtenue mais une augmentation de 20 % ! Pour les pays développés, les émissions de carbone sont, pour une grande part, des omissions ! Raison de plus pour que ces pays prennent le leadership dans la lutte contre le changement climatique en premier lieu à travers la promotion d'une consommation responsable.

Ces mesures équivoques ne concernent pas que le carbone. Selon le rapport « L'environnement en France[21] », le chiffre officiel du besoin « apparent » en matières premières d'origine naturelle (somme des quantités de ressources naturelles que l'on retrouve dans les produits que nous consommons, qu'ils soient produits ou non dans le pays) est trompeur : évalué à 17 tonnes par habitant en 2007, il serait en réalité trois fois plus élevé, si l'on tient compte des étapes d'extraction, de fabrication, de conditionnement, de transport des matières et produits importés qui ont nécessité d'autres matières et ressources à l'étranger, bien supérieures à ce qui est officiellement comptabilisé à l'intérieur des frontières. Si l'on se penche sur l'empreinte écologique moyenne en Chine des dépenses de consommation d'un ménage français (*via* la consommation de produits « Made in China » et celle de produits fabriqués en France ou ailleurs avec des pièces chinoises), comparativement à ce même impact en France, on obtient des chiffres impressionnants... et méconnus[22]. Ainsi, les émissions de CO_2 en Chine pour les dépenses annuelles moyennes de consommation d'un ménage français représentent près du quart de l'impact climatique en France pour ces mêmes dépenses (1,3 tonne de CO_2 contre 4,9)... et s'agissant, par exemple, de l'extraction de ressources minérales (3,2 tonnes en Chine contre 3 tonnes en France), l'impact est encore plus important dans un contexte où beaucoup de minerais rares utilisés par l'électronique sont extraits en Chine.

Les effets pervers de cette comptabilité tronquée sont multiples puisqu'une grande partie des biens que nous consommons sont désormais produits dans d'autres pays qui se voient reprocher l'impact de notre propre consommation. À quoi bon limiter notre consommation, alors que la Chine construit deux nouvelles centrales thermiques par semaine pour alimenter l'énorme croissance de sa consommation énergétique[23] ? Une fois de plus, c'est refuser de voir que beaucoup de ces centrales et des usines polluantes qui se multiplient en Chine sont en réalité construites pour alimenter nos marchés et notre demande insatiable, en Europe, aux États-Unis ou dans d'autres pays riches.

Autre « angle mort » de cette comptabilité : la contribution de la consommation au changement climatique. Parce que nous sommes focalisés sur les émissions « territoriales », nous avons tendance à survaloriser l'impact des services produits localement (éclairage, chauffage, transport...) au détriment de celui des biens matériels. Pourtant, en y regardant de plus près, on s'aperçoit que l'impact de notre consommation est supérieur à ce que l'on imagine... Les ménages dans l'Union européenne sont directement responsables d'un quart de la consommation d'énergie et des deux tiers de la production de déchets municipaux[24] ; en Angleterre, 75 % des émissions de gaz à effet de serre seraient directement ou indirectement liées à la consommation[25] ; 60 % des consommations de produits dans les pays de l'OCDE sont le fait des consommateurs[26] ; et, enfin, trois domaines clés de la consommation des ménages — l'alimentation et les boissons, le logement (dont les équipements électroniques), et les transports (dont les déplacements touristiques) — représenteraient 70 à 80 % de la pression globale sur l'environnement[27].

« Le problème n'est pas la surconsommation, mais la surpopulation. »

Dans un article du *Guardian* d'avril 2013, l'éditorialiste britannique George Monbiot rapporte[28] une conversation avec une femme extrêmement riche, dont le mode de vie est, comme souvent chez les personnes de la haute société londonienne, fondamentalement non écologique : toujours dans les avions entre ses différentes maisons et lieux de villégiature. Alors qu'il lui exposait son travail de journaliste spécialisé dans l'environnement, elle répondit : « Je suis d'accord, l'écologie est tellement importante. Moi-même, je suis passionnée par le recyclage... mais le vrai problème de notre planète est l'augmentation de la population. » Monbiot concéda que si, en effet, l'augmentation de la population était une composante du problème, celle de la consommation était bien plus capitale d'autant que, contrairement à la population, elle ne semble pas devoir se tasser. Et Monbiot de conclure que cette idée de l'augmentation de la population comme étant le problème principal, ainsi que cet intérêt marqué pour le recyclage, ne sont en réalité qu'une façon pour les plus riches de se décharger de leur responsabilité sur d'autres, de préférence à l'autre extrémité du spectre économique, sans qu'ils n'aient rien à changer à leur mode de vie.

- *La réalité : l'aspiration des pays émergents à consommer comme nous est une réalité, mais ne peut être une excuse pour les pays riches*

« Le problème, ce sont les Chinois. » Dire cela, c'est faire allusion à la démographie chinoise, au fait que les Chinois aspirent à consommer autant que nous, que désormais, l'essentiel de la croissance mondiale dépend d'eux, et enfin, qu'ils n'auraient aucun souci de l'environnement…

Avec ses nouveaux millionnaires et une classe moyenne en pleine expansion, la Chine représente déjà 12 % du marché mondial du luxe, ce qui la place en troisième position derrière les États-Unis et le Japon. Des marques comme Louis Vuitton y connaissent chaque année des taux de croissance spectaculaires et, selon Goldman Sachs, la Chine représentera 30 % du marché mondial[29] du luxe en 2015. Même phénomène dans le prêt-à-porter : le groupe Beaumanoir par exemple, l'un des leaders du prêt-à-porter et de la « fast-fashion » en France (avec les marques Morgan, La City, Bonobo, etc.), compte déjà sept cents magasins en Chine, soit près du tiers de son réseau… Pour le marché automobile, la Chine est depuis 2009 le premier marché mondial, et des entreprises comme Peugeot y vendent désormais plus de voitures qu'en France[30]. Ou dans l'agroalimentaire, un groupe comme Danone réalisait, en 2011, 51 % de son chiffre d'affaires dans les pays émergents (contre 13 % en 1996). On pourrait donc en dire tout autant des Brésiliens ou des Indiens, mais les Français ont l'air obsédés par les Chinois.

Chinois, Brésiliens ou Indiens, peu importe en réalité. Les désigner comme coupables, c'est d'abord oublier que leur consommation est largement stimulée par des entreprises occidentales qui, pour résister à la crise sur leurs marchés domestiques, se tournent encore plus vers ceux des pays émergents pour y alimenter une envie de « rattrapage » du mode de vie occidental. C'est surtout détourner notre regard du vrai problème : la contradiction fondamentale entre notre volonté de protéger l'environnement — bien réelle — et nos modes de vie consuméristes qui conduisent à une hausse continue de la production de biens matériels, et donc de la pression sur l'environnement.

« Les consommateurs sont de plus en plus conscients de ces enjeux, et modifient déjà leurs comportements. »

Les études les plus récentes, tant au niveau international qu'en France, montrent en effet qu'un nombre croissant de consommateurs dans les pays occidentaux, mais pas seulement, se préoccupent des conséquences de leurs choix sur le devenir de la planète. Créatifs culturels, post modernes, LOHAS (Lifestyle of Health & Sustainability — mode de vie sain et durable[31]), etc. : les noms varient mais, peu ou prou, le profil de ces alterconsommateurs est le même. Qui sont-ils ? Après quinze années d'enquête, le sociologue américain Paul H. Ray les a caractérisés dans un livre publié en 2000[32]. Les créatifs culturels représentent, selon lui, 24 % de la population américaine, et sans doute davantage en Europe. Ce sont des femmes et des hommes plutôt urbains, âgés de 20 à 60 ans. Ils ont fait des études supérieures, ils sont concernés par les problèmes de nos sociétés et ils affichent un sens aigu de l'engagement individuel, mêlé à une vision optimiste de l'avenir. Ils s'intéressent plus que la moyenne à l'écologie, aux cultures du monde, à la psychologie et à la spiritualité. Par-dessus tout, ils représentent un public pionnier en matière de nouveaux comportements pour ce qui est de la consommation et du style de vie. Très exigeants, ils consultent la presse, écoutent la radio plus qu'ils regardent la télévision, et lisent les étiquettes des produits qu'ils achètent. Certes, ils consomment mais d'une façon qualitative, et sont sensibles aux offres alternatives, en particulier dans les domaines de la santé, de l'alimentation, de l'habitat et du loisir.

En France, une étude publiée en 2004 établissait que 15 à 25 % des Français étaient des « alterconsommateurs ». D'un profil proche de celui des créatifs culturels, ils appartiennent à des catégories socioprofessionnelles supérieures, à fort pouvoir d'achat, désireux de changer le système afin de le rendre plus durable et plus acceptable. Pour s'affranchir de la consommation de masse, ils dirigent leurs achats en fonction de critères éthiques et du respect de l'environnement, et prennent leurs distances vis-à-vis des marques et de la publicité qui échouent à les convaincre. Cette même année 2004, pour la première fois en France depuis dix ans, les ventes de produits de grande consommation étaient en baisse alors qu'elles progressaient jusque-là de 3 à 4 % par an. Doit-on y voir l'influence grandissante de ces alterconsommateurs ?

Plusieurs études internationales confirment ce mouvement de fond, en particulier celle sur les LOHAS[33], selon le terme de Paul H. Ray. Cette étude, qui a l'avantage d'avoir été conduite dans plusieurs pays à la fois, sur tous les continents, apporte des conclusions sans équivoque : la montée du développement durable dans les préoccupations des consommateurs n'est pas une tendance, c'est un changement culturel profond qui se produit en même temps dans de très nombreux pays. L'étude montre en effet qu'en une vingtaine d'années, la proportion 20/80 s'est inversée, au point que ce sont désormais près de 88 % des Européens qui disent s'intéresser à la consommation responsable. En 2009, les consommateurs européens se répartissaient selon les cinq catégories identifiées par l'étude :

- 19 % sont des LOHAS, autrement dit des alterconsommateurs pionniers et militants, très attentifs à ce qu'ils achètent, toutes catégories de produits confondues. Ayant adopté un mode de vie alternatif, ils sont conscients des liens entre la santé de la planète et la leur. Très demandeurs d'informations sur les produits, ils sont sensibles à l'engagement des marques, motivés par les écolabels et la production locale, et capables d'influencer les achats de leurs proches et de payer plus cher les produits verts...

- 17 % sont des « Naturalites » (naturalistes) dont la motivation première est la santé et le bien-être : soucieux de mener un mode de vie sain et naturel, ils achètent « responsable » dans la mesure où ces produits sont meilleurs pour la santé (aliments bios, détergents écologiques…). Ils sont cependant sensibles aux offres vertes et veulent faire plus pour l'environnement. Cette catégorie tend à diminuer, un nombre croissant de « Naturalites » faisant le lien entre leur santé et celle de la planète, ce qui les fait passer dans la catégorie des LOHAS.
- 27 % sont des « Drifters » (littéralement, « dériveurs ») : portés par l'air du temps, ils consomment responsable si c'est à la mode. Ils sont enclins à acheter des produits verts, mais restent sensibles au prix. Cette catégorie augmente presque partout et attire à elle les consommateurs des deux dernières catégories qui progressent dans leur prise de conscience.
- 25 % sont des « Conventionals » (conventionnels) : avant tout pragmatiques, leur consommation responsable est conditionnée par le fait que cela ne leur coûte pas plus cher et même, dans l'idéal, que cela leur fait faire des économies. Ils sont prêts à trier leurs déchets et à économiser l'énergie.
- 12 % seulement restent des « Unconcerned » (non-concernés), des irréductibles qui ne s'intéressent pas à la question, quelle que soit la façon

de l'aborder ! Ce n'est pas qu'ils soient « contre » le développement durable, mais ils ne sont pas, pour l'instant, engagés dans la consommation responsable car ils ont d'autres priorités...

Et ces résultats se retrouvent partout dans le monde : en 2008, les LOHAS représentaient déjà 25 % de la population en Australie, 29 % au Japon, 24 % à Taïwan et 23 % aux États-Unis[34]...

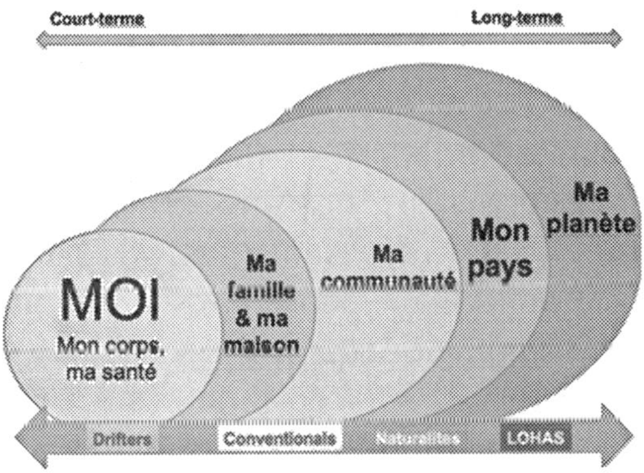

Les préoccupations qui motivent les différentes catégories de consommateurs, selon l'étude LOHAS (Natural Marketing Institute)

Au niveau international, l'étude Greendex, menée par le magazine *National Geographic*[35] dans dix-sept pays, montre que la prise de conscience écologique progresse partout et, contrairement aux idées reçues, plus rapidement dans les pays émergents que dans les pays riches. Les consommateurs ont une volonté croissante de réduire leurs dépenses en énergie, de laver leur linge à froid, d'éviter les produits suremballés (40 % en moyenne mais 64 % en Chine et 50 % en Inde), d'acheter des produits d'occasion (25 % en moyenne mais 42 % en Inde), et de réparer les objets courants pour prolonger leur vie (57 % en moyenne mais 69 % en Chine et 68 % en Inde). L'Inde, le Brésil, la Chine et le Mexique affichent les plus forts taux de « consom'acteurs », sans doute plus conscients des problèmes écologiques car directement touchés par eux. De leur côté, les Anglais, les Français, les Canadiens et les Nord-Américains sont les moins disposés à changer leurs habitudes…

Ainsi, une écrasante majorité de consommateurs occidentaux (63 % en Allemagne, 88 % en France, 72 % aux États-Unis) pensent que les entreprises doivent être écologiquement responsables, mais ils sont 93 % au Brésil, 96 % en Inde et 97 % en Chine ! Un quart des consommateurs occidentaux ont l'intention d'acheter à l'avenir plus de produits verts, mais ils sont 56 % au Brésil, 65 % en Chine et 64 % en Inde.

La crise que traversent les pays occidentaux depuis 2008 a au moins une vertu : elle accélère la prise de conscience[36]. 64 % des consommateurs déclarent que les difficultés qu'ils rencontrent changeront durablement leur façon de consommer, tandis que 59 % affirment que le coût écologique, et 62 % que le caractère équitable influencent leurs achats. De fait, la consommation de produits bios continue à progresser, et près de quatre Européens sur dix déclarent en acheter fréquemment, aussi bien pour l'alimentation que pour le textile et l'hygiène-beauté.

La crise crée donc un contexte favorable au basculement des comportements. Les consommateurs s'entendent sur la nécessité d'éviter les produits inutilement sophistiqués et accordent leur préférence aux produits durables ou réparables, à la location plutôt qu'à l'achat, et aux circuits courts ou à la consommation collaborative. Selon l'Observatoire Cetelem, près d'un consommateur sur trois a déjà acheté des jouets, des vêtements, des voitures ou des produits culturels d'occasion. Dès 2009, un sondage IFOP-JDD faisait apparaître cette mutation : 68 % des consommateurs français trouvaient qu'on leur proposait des produits trop sophistiqués qui ne correspondaient pas vraiment à leurs attentes, et 76 % disaient déjà privilégier des articles respectueux de l'environnement « même s'ils coûtent un peu plus cher ».

Conclusion unanime de ces études : nous assistons à la fin de l'hyperconsommation, autant dire à un bouleversement dans le mode de vie occidental jusqu'ici fondé sur l'abondance, la publicité et le crédit facile. Pourtant, si les attentes des consommateurs évoluent, cela ne se vérifie pas toujours dans les comportements.

- *La réalité : les intentions ne se traduisent pas dans les actes*

Certains parlent de « consommateurs schizophrènes » partagés entre ce qu'ils disent et ce qu'ils font concrètement, les renvoyant à leurs contradictions, entre responsabilisation et culpabilisation. D'autres, dont je suis, pensent que ces efforts ne sont que très insuffisamment encouragés : d'une part, les dirigeants politiques continuent à envoyer des messages de relance par la consommation pour la préservation de l'emploi ; d'autre part, les stratégies marketing des entreprises cultivent l'obsolescence programmée, les offres à bas prix et autres soldes permanents visant à vendre toujours plus de produits au détriment du développement proactif de produits responsables destinés à remplacer progressivement les produits conventionnels (sauf dans les rares cas où les réglementations l'ont imposé, par exemple avec l'étiquette énergie sur les ampoules ou l'électroménager). Convaincues que c'est la demande qui fait l'offre, les entreprises attendent de constater la préférence des consommateurs pour les produits responsables sans pour autant développer les produits en question de manière large, visible, accessible. Faute d'offre et d'information, l'attente des consommateurs reste… latente. La demande est là, mais l'offre ne suit pas. Sur de nombreux marchés, l'offre responsable reste en effet anecdotique, pour ne pas dire inexistante, et si les volumes de vente ou les parts de marché progressent tout de même rapidement, ils partent de très bas[37]. Impossible de trouver en France des fleurs locales ou équitables chez un fleuriste, en dehors de la période estivale : le marché est dominé[38] par les fleurs cultivées en Hollande, dans des serres éclairées et chauffées vingt-quatre heures sur vingt-quatre et sept jours sur sept, ou par des fleurs importées d'Afrique du Sud ou d'Amérique latine, cultivées par des ouvriers sous-payés qui pulvérisent à longueur de journée des produits phytosanitaires toxiques interdits en Europe depuis longtemps. De plus, l'affichage de la provenance des fleurs n'est pas obligatoire, contrairement aux fruits et aux légumes. Dans ces conditions, le consommateur ne peut pas prendre conscience que les fleurs qu'il achète sont incompatibles avec une consommation responsable, et les enseignes de fleurs ont beau jeu de soutenir qu'il n'y a pas de marché pour les fleurs « responsables » ou qu'il n'y a pas de demande…

Même chose pour les chaussures, les vêtements, les fournitures scolaires, les produits bancaires, etc. : les offres responsables sont marginales, non signalées comme telles, peu mises en avant par les publicités, peu connues des vendeurs mal informés, ou bien noyées sur les étals. Trop rares sont les entreprises qui portent une garantie développement durable : Starbucks qui décide de vendre 100 % de son café sous label équitable en Europe, Findus qui ne propose que du poisson issu de la pêche responsable, ou Marks & Spencer qui s'engage à ne présenter que des produits responsables d'ici à 2020.

Les consommateurs sont en effet de plus en plus conscients de ces enjeux, et souhaitent s'orienter vers une consommation plus responsable. Mais l'offre actuelle ne leur permet pas vraiment de mettre leurs actes en accord avec leurs idées.

« Vouloir limiter la croissance
de la consommation est une préoccupation
de riche. C'est oublier les pauvres
et les exclus qui manquent encore
de tant de choses... »

Sur le papier, cela se tient : la croissance de la consommation est d'abord censée apporter les produits de première nécessité et le confort de base à tous ceux qui en manquent, aussi bien sous nos latitudes que dans les pays du Sud. Si l'augmentation des revenus permet de mener des vies meilleures et d'améliorer le bien-être, on ne voit pas bien de quel droit les pays occidentaux, au nom de leur conscience tardive de l'écologie, viendraient donner des leçons aux plus pauvres qui, légitimement, aspirent à partager le mode de vie que nos politiques, nos entreprises, nos médias, nos publicités présentent comme l'objectif à atteindre pour assurer le progrès des nations.

De toute façon, les populations aspirant au modèle occidental sont, et seront, de plus en plus nombreuses. La croissance du PIB prévue dans les pays en développement devrait ainsi s'accompagner d'une multiplication par trois du nombre de consommateurs issus des classes moyennes. D'ici à 2025, il y aura 220 millions de familles de classe moyenne ne serait-ce qu'en Chine, soit quatre fois plus qu'en 2004. Selon Goldman Sachs, 70 millions d'individus entrent chaque année au niveau mondial dans une fourchette de pouvoir d'achat située entre 6 000 et 30 000 dollars, un phénomène qui devrait s'accélérer encore dans les deux prochaines décennies, avec 90 millions de nouveaux consommateurs par an dès 2030. Si ce scénario se réalise, 2 milliards de consommateurs nouveaux seront entrés dans les classes moyennes à cette date, soit 80 % de la population mondiale appartenant à cette catégorie qui rêve du même mode de vie, des mêmes marques et des mêmes produits[39]. À cela s'ajoutent les consommateurs à bas revenus, qui représentent aujourd'hui les deux tiers de la population mondiale et cumulent un pouvoir d'achat de 5 000 milliards de dollars. Concrètement, 4 milliards de personnes gagnent moins de 3 000 dollars par an, ou 3,35 dollars par jour. Leur consommation concerne surtout l'alimentation, mais l'augmentation de leurs revenus fait rapidement progresser la part du transport et des télécommunications dans le budget de ces ménages. En Afrique, 71 % des dépenses viennent de ces consommateurs, qui représentent 95 % de la population ; en Amérique latine, ce sont 28 % des dépenses et 70 % de la population ; et, en Europe de l'Est, 36 % des dépenses et 64 % de la population.

• *La réalité : l'essentiel de la croissance est confisquée par les riches*

On est loin d'une situation idéale où la croissance globale des richesses et de la consommation profiterait effectivement aux plus pauvres. Un cinquième de la population mondiale consomme 80 % des ressources, tandis qu'un autre cinquième, le plus pauvre, doit se partager 2 % de ces mêmes ressources[40]. Dans la plupart des pays, y compris ceux de l'OCDE, les inégalités sociales sont plus fortes qu'il y a vingt ans : la croissance de la consommation ne profite pas à ceux qui en auraient le plus besoin mais à une poignée de « happy few » qui n'en ont pas besoin. Aujourd'hui, selon l'Oxfam, les 67 personnes les plus fortunées de la planète possèdent autant de richesses que la moitié la plus pauvre de la population mondiale, soit 3,5 milliards de personnes. En termes de justice sociale, l'évolution n'est guère meilleure : 7 personnes sur 10 vivent dans des pays où les inégalités se sont creusées au cours des 30 dernières années. Aux États-Unis, par exemple, les 1 % les plus riches ont accaparé 95 % de la croissance depuis 2009, pendant que les 90 % les plus pauvres sont devenus plus pauvres[41].

Il est donc illusoire de vouloir préserver la croissance de la consommation au motif qu'elle répandrait ses bienfaits sur les plus pauvres et améliorerait leur qualité de vie en leur donnant accès aux biens de première nécessité qui leur manquent encore. Ceci ne veut pas dire qu'il faille renoncer à couvrir les besoins de base des plus pauvres. Mais cela n'a rien à voir avec la pérennisation ou la restauration du système actuel, fondé sur la surconsommation de quelques-uns au détriment de la planète et de l'humanité et qui, de surcroît, alimente la frustration du plus grand nombre.

« De toute façon, les politiques publiques s'occupent déjà du développement durable. »

Puisque dans les pays occidentaux les réglementations « vertes » et les politiques liées au développement durable se multiplient à tous les niveaux depuis des années, il est assez logique de penser qu'elles traitent déjà des problèmes liés à la surconsommation et à ses impacts. Pas si sûr. D'abord parce que, comme dans les entreprises, les réglementations « vertes » restent marginales dans les stratégies gouvernementales, quels que soient le pays et le parti politique au pouvoir. Ensuite parce qu'elles ne s'attaquent pas explicitement au sujet tabou de la surconsommation de sorte que partout, ou presque, le problème ne fait que s'aggraver.

Il est vrai que dans l'ensemble des débats sur le développement durable, la consommation est un sujet relativement récent : au niveau politique, le terme lui-même n'est apparu que lors des Sommets des Nations unies de Rio en 1992 et surtout de Johannesburg dix ans plus tard, ce dernier ayant débouché en 2003 sur le processus de Marrakech pour une consommation et une production durables et, en 2008, sur un plan d'action de la Commission européenne pour une consommation et une production durables[42] — tous deux destinés à encadrer la mise en place de stratégies régionales et nationales.

Malgré cela, dans de nombreux pays, les politiques publiques n'ont que marginalement intégré le sujet de la consommation. Si les travaux du Grenelle de l'environnement ont permis quelques avancées significatives en France, notamment par l'étiquetage environnemental des produits (expérimentation dont l'avenir reste incertain, compte tenu de la complexité du sujet… et des étiquettes), les débats autour de l'instauration d'une taxe carbone ou de l'interdiction de la publicité sur les pesticides ont également révélé le caractère politiquement délicat de ces questions.

Dans l'opinion, pourtant, le concept de consommation responsable (les politiques préfèrent parler de « consommation durable ») est dans l'air depuis plusieurs décennies : le rapport « Les limites de la croissance » du Club de Rome attirait déjà l'attention en 1972 sur le fait que nos sociétés d'abondance et nos modes de consommation risquaient d'avoir des impacts irréversibles sur la raréfaction des ressources et la dégradation écologique. D'une certaine façon, les crises pétrolières de 1973 puis de 1979 constituèrent d'autres alertes à l'attention des pouvoirs politiques indiquant que la consommation ne pourrait être maintenue à son niveau d'alors sans qu'il y ait un prix écologique important à payer. Même si les prix du baril sont ensuite redescendus et que les prévisions de raréfaction de la ressource et d'un « peak-oil » s'avéraient difficiles à concrétiser, les liens entre les modes de consommation occidentaux et les problèmes environnementaux croissants, qu'il s'agisse de changement climatique, de gestion des déchets ou de destruction de la couche d'ozone, sont établis depuis le début des années 1990. Le Sommet de la Terre de Rio, en 1992, a ainsi formalisé la notion de « consommation durable » et l'a inscrite formellement dans l'agenda politique, en affirmant que « tous les pays devraient s'efforcer de promouvoir des modes de consommation durables [et qu'] il faudrait également examiner les concepts actuels de croissance économique et la nécessité de créer de nouveaux concepts de richesse et de prospérité permettant d'améliorer les conditions de vie et modifiant les modes de vie pour les rendre moins tributaires des ressources limitées de la planète [...]. L'apparition récente, dans de nombreux pays, d'un public de consommateurs plus sensibilisés à l'environnement, alliée au souci croissant de la part de certaines industries de fournir des produits de consommation écologiquement rationnels, est un phénomène important qu'il convient d'encourager[44] ».

Cette voie explicitement tracée par l'Agenda 21 était ambitieuse : développer une nouvelle approche de la croissance économique, réinventer la notion de prospérité et changer nos modes de vie pour les rendre compatibles avec les limites de la planète. Autant d'enjeux qui imposaient implicitement qu'évoluent les comportements, les choix, les attentes et les modes de vie des consommateurs. Pourtant, plus de vingt ans après, et alors que 91 % des Français (contre 33 % en 2002) disent désormais connaître le terme de consommation durable, le sujet a stagné dans les politiques publiques, qui ne le traitent qu'à la marge, et souvent de manière peu explicite.

- *La réalité : les politiques publiques parlent de « consommation durable » mais n'osent pas affronter le tabou de la surconsommation*

Des Nations unies à l'OCDE, en passant par l'ADEME, les définitions officielles du terme de « consommation durable » sont marquées par une gêne perceptible sur ce dont il est question : beaucoup de définitions entretiennent un flou artistique sur la différence entre consommation durable et production durable, passant allègrement de l'une à l'autre avec l'idée qu'il suffirait d'inciter les entreprises à produire vert pour que la demande des consommateurs s'oriente naturellement vers ces produits et que le problème soit résolu. Une approche qui ignore le fait que, même si les produits achetés sont plus écologiques, le volume absolu de notre consommation toujours croissante est intrinsèquement un enjeu, de même que l'obsolescence accélérée et le renouvellement continu des produits. D'autres définitions sont plus explicites et affirment clairement que la question clé est l'acte de consommation et le comportement du consommateur, sans toujours préciser s'il faut consommer moins ou consommer mieux.

Pour Tim Jackson[45], le caractère sensible du sujet explique la confusion qui règne depuis le Sommet de Rio en 1992, et aussi le fait que dix ans plus tard à Johannesburg, certaines organisations qui s'étaient prononcées en faveur de la consommation durable ont finalement reculé, par crainte de devoir défendre la diminution du volume de produits consommés ou de prôner un changement de nos modes de vie. Moyennant quoi, un consensus officiel tout relatif semble s'être dessiné autour de la définition du Programme des Nations unies pour l'environnement : « Il ne s'agit pas de consommer moins, mais de consommer différemment et plus efficacement », définition qui a le mérite politique de mettre à distance la radicalité du « consommer moins », mais reste vague quant aux domaines sur lesquels intervenir : la production de biens durables ou le comportement et le mode de vie des consommateurs ?

Dans un premier temps, la plupart des gouvernements ont privilégié une approche dans laquelle la consommation durable consistait avant tout à consommer des produits durables en agissant principalement sur la production en vue d'augmenter la productivité des ressources, développer les technologies vertes, rendre les entreprises plus responsables, répandre l'écoconception, etc. Dans cette vision des choses, la consommation durable se confond jusqu'à un certain point avec la production durable : les consommateurs continuent à consommer comme avant, l'acte de consommation durable consistant en priorité à choisir le produit le plus respectueux du développement durable. Les entreprises sont ainsi encouragées à faire évoluer les produits consommés. Le tabou est respecté : la question de notre mode de vie, et du niveau de notre consommation, n'est jamais évoquée.

Tout comme le plan d'action de la Commission européenne le programmait en 2008[46], la stratégie nationale de développement durable 2010-2013 de la France s'inscrit dans cette tendance. Elle lie la production et la consommation durables qui sont son premier défi, et privilégie parmi ses leviers d'action le soutien à l'économie verte et aux écotechnologies, les incitations aux entreprises, la généralisation de l'écoconception, le développement de l'écologie industrielle, etc. Seuls quelques points, qui ne sont pas identifiés comme des « choix stratégiques », visent la modification effective du comportement et des choix des consommateurs : il s'agit de faire en sorte qu'ils adoptent les produits verts en « développant l'information sur les qualités écologiques et sociales des produits pour changer les comportements », en « rendant l'offre de produits durables plus attractive et plus crédible auprès des consommateurs », et en « développant l'information environnementale (affichage du contenu carbone notamment) et sociale sur les produits et les services et de soutenir les comportements de consommation vertueux ». Mais comme dans la plupart des politiques publiques, la façon dont les consommateurs *utilisent* effectivement les produits (course à la nouveauté, obsolescence accélérée, remplacement anticipé...) et plus fondamentalement encore leur *niveau de consommation* restent deux aspects peu traités ou alors de manière imprécise.

Dans une large mesure, les enjeux liés à la consommation demeurent donc l'angle mort des politiques nationales et internationales de développement durable, *a fortiori* en temps de crise...

« Mais quand même… la consommation, c'est l'un des plaisirs de la vie ! »

C'est un refrain connu : la consommation et le matérialisme rendent heureux, même si, comme nous l'avons vu, de plus en plus de psychologues ou d'économistes disent le contraire. Il est vrai qu'en période de crise et d'incertitude face à l'avenir, chacun se recentre sur lui-même et, dans le fracas du monde, cherche à se faire plaisir à travers des achats, ces « petits cadeaux » que l'on se fait. Sans eux, la vie serait-elle supportable ? Le sociologue Robert Rochefort parle à ce propos de « société de consolation » : « On se cajole, on fait des achats régressifs. C'est le nounours pour tout le monde[47]. » Et le psychiatre Christophe André développe : « Acheter. Pour se soulager, s'enivrer, se réconforter. Pour se rendre un peu plus heureux ou un peu moins malheureux. Pour ne pas trop penser à ce qui est compliqué dans nos existences. Pour accéder à un monde que l'on sait factice et simplifié mais que l'on espère facile et confortable. Pour ne pas penser au malheur ou à la vacuité de notre vie en ce moment[48]. » On dépense pour dé-penser, conclut-il.

- *La réalité : la consommation est un piège que nous tend la « société de consolation »*

Christophe André compare la consommation au réverbère en dessous duquel un homme cherche ses clés : même s'il les a perdues ailleurs, c'est là qu'il les cherche parce que c'est là que se trouve la lumière. La consommation est comme la lumière : une solution de facilité, accessible d'un clic de souris, sans sortir de chez soi, à toute heure du jour ou de la nuit, même avec de l'argent qu'on n'a pas. C'est pour cela qu'il est difficile de ne pas tomber dans le piège de la consommation. Elle promet un bonheur factice, mais immédiat et facile d'accès, tandis que le vrai bonheur nécessite temps, effort et réflexion.

Le psychologue Tim Kasser compare[49] le piège de la consommation à la « junk food » dont on nous vante les qualités nutritionnelles et le goût mais qui ne fait que nous « remplir » en apaisant provisoirement la sensation de faim. La promesse n'est pas tenue, la satisfaction éphémère et trompeuse, mais les clients reviennent. De la même façon, qui peut croire sérieusement qu'il sera plus libre et heureux quand il disposera de la prochaine version de l'iPhone ? Personne. Pourtant, tout le monde l'achète.

La consommation déçoit parce que « le soufflé du plaisir associé à une nouvelle consommation retombe avec son entrée dans le registre de l'habitude[50] ». Et puis, il y a les déceptions liées aux produits eux-mêmes qui expliquent, dans le vécu de chaque consommateur, ce désenchantement grandissant à l'égard de la consommation. L'industrie agroalimentaire a beau mettre en circulation des produits bon marché et variés, la multiplication des crises sanitaires entretient le doute autour de la traçabilité et de la qualité réelle de ce que nous mangeons. L'industrie automobile a beau dépenser des sommes folles en publicité pour faire vivre le mythe de la voiture comme objet d'émancipation et de liberté, elle ne fait plus rêver les jeunes urbains à l'heure de Vélib' et d'Autolib', car ils l'associent aux embouteillages, aux difficultés de stationnement, au coût des amendes et des assurances. Dans le domaine vestimentaire, la mondialisation a beau avoir fait baisser les prix, les consommateurs déchantent devant la piètre qualité des produits de la « fast-fashion » et sont de plus en plus nombreux à estimer que « les prix ne veulent plus rien dire[51] ». Enfin, dans le domaine électronique, les consommateurs ont de plus en plus conscience du coût psychologique (incertitude, effort d'apprentissage…), de l'obsolescence programmée par les fabricants[52] et de la « course à l'innovation permanente » qui relèguera tout nouvel achat au rang des vieilleries dans quelques mois.

Autant de situations où il apparaît clairement que consommer toujours plus n'aboutit pas à maximiser le bien-être individuel et collectif. Autant de situations qui illustrent l'opposition entre le matérialisme et « les valeurs intrinsèques » (sécurité, authenticité, liberté, estime de soi, connexion aux autres) nécessaires à notre accomplissement. Luc Ferry ne dit pas autre chose lorsqu'il affirme que plus vous avez une vie intérieure riche, plus vous avez dans le cœur et l'esprit des valeurs morales, culturelles et spirituelles fortes et stables, moins vous éprouvez le besoin le samedi après-midi de mettre vos enfants à l'arrière de la voiture pour aller acheter des gadgets au supermarché du coin[53]. À l'inverse, plus ces valeurs traditionnelles disparaissent, plus nous tombons dans la logique de la surconsommation. Ceci amène Kasser à penser qu'il suffirait de cultiver ces valeurs d'épanouissement personnel, de connexion à ses proches et de participation à la communauté pour faire baisser, quasi mécaniquement, notre addiction à la consommation tout en améliorant le bonheur individuel et l'état de la planète[54].

« Oui j'aimerais changer… mais ce n'est pas à moi de commencer : j'agirai quand les autres s'y mettront. »

Le mimétisme est au cœur de la consommation qui ne se réduit pas à des comportements individuels : c'est un processus collectif, un mode de participation à la société. L'autre est le modèle des désirs du consommateur, alimentés par les publicités, les modes et les médias. C'est ce que le philosophe

René Girard appelle le désir mimétique[55]. Avoir le dernier smartphone, faire comme son voisin, porter les mêmes marques que ses amis : imiter, voilà la pierre angulaire de la consommation. Livrés à nous-mêmes, nous ne saurions quoi désirer, et c'est l'imitation qui nous pousse à vouloir des objets, par un phénomène antérieur d'identification à un tiers. Ce tiers, ce médiateur, est celui qui, possédant déjà l'objet, le désigne comme désirable. Ce faisant, la consommation sert aussi à nous positionner socialement, à construire une estime de soi à travers les objets que l'on consomme : dis-moi ce que tu achètes, je te dirai qui tu es.

Si le mimétisme est au cœur de la surconsommation, il doit aussi être à l'œuvre dans ses remèdes : je ne veux pas être le premier à essuyer les plâtres. Tout seul, je ne compte pas, et cette consommation responsable, on la fera ensemble ou on ne la fera pas. J'attends donc que les autres s'y mettent pour m'y mettre… « Les autres » désignent ici tout autant les consommateurs dans leur ensemble que les gouvernements ou les entreprises : lorsque l'on demande aux consommateurs dans le monde ce qui les détourne d'un comportement de consommation plus écologique[56], les quatre premières raisons avancées sont que les entreprises ne jouent pas leur rôle car elles mentent sur les vertus de leurs produits (44 %), que les efforts individuels ne servent à rien si les gouvernements et les entreprises ne s'engagent pas également (40 %), que les habitants de mon pays ne font pas ce qu'ils devraient (34 %) et enfin, que les habitants des autres pays ne font pas ce qu'ils devraient (34 %).

Ce que montrent ces études, c'est que les opinions nouvelles n'entraînent pas forcément des changements de comportements s'il n'y a pas en parallèle une construction de nouvelles normes sociales de sorte que les consommateurs ne se sentent pas isolés par leurs comportements nouveaux mais, au contraire, valorisés au sein de leur groupe de référence. Comme tel n'est pas le cas, les consommateurs affirment que les problèmes planétaires les dépassent, qu'ils ne peuvent pas faire grand-chose à leur niveau, et renvoient les entreprises et les institutions à leur devoir d'exemplarité. C'est aussi ce que disent les différents acteurs quand on les interroge sur le sujet : les entreprises se tournent vers les gouvernements dont les incitations seraient contradictoires, mais surtout vers les consommateurs qui seraient incapables de traduire dans leurs actes d'achat les intentions affichées dans les études : « Nous le ferons quand il y aura une demande avérée, et pas juste une niche de consommateurs engagés. » De leur côté, les politiques pointent les entreprises réticentes à s'engager et les citoyens électeurs qui, au bout du compte, votent pour le candidat qui leur promet plus de pouvoir d'achat et de consommation.

- *La réalité : les individus sont disposés au changement mais pour le rendre effectif, il faut parier sur le collectif*

Il n'en est pas moins vrai que les pouvoirs publics sont, plus que les autres acteurs, attendus au tournant car ils peuvent, à eux seuls, changer la norme avec un signal-prix, une réglementation, un référentiel donnant l'impulsion aux entreprises et permettant aux consommateurs pionniers d'avancer de bons arguments pour justifier leurs choix (un gain de confort, de santé, des économies...). Le sociologue Erwan Lecœur rappelle que ce travail de normalisation sociale, auquel on n'échappera pas, peut également se faire au niveau global (d'une certaine façon, c'est ce qui avait été engagé avec le rapport Stiglitz commandé par Nicolas Sarkozy sur la mesure de la richesse nationale, en complément d'indicateurs classiques comme le PIB) et être diffusé à travers des cadres collectifs préexistants, des groupes de référence comme les associations culturelles et sportives, les associations de retraités, les comités d'entreprise, et autres associations de quartier qui pourraient agir en « têtes de réseaux » ou en « passeurs » pour un nouveau monde.

Les changements de comportement et d'attitude viennent plus souvent des groupes que des individus, *a fortiori* quand il s'agit de consommation, fait collectif et mimétique. Autrement, la peur de passer pour un doux dingue ou pour « l'écolo de service » décourage de tout engagement. Le sociologue Erwan Lecœur souligne le rôle crucial que pourraient jouer des personnalités connues et appréciées du grand public pour une autre raison que l'écologie : sollicitées par les autorités, elles pourraient être des modèles efficaces pour activer le désir mimétique.

Chapitre 3

Cinq marchés emblématiques

Les entreprises aujourd'hui n'ont que trois options : se prendre le mur, retarder le moment où elles vont se prendre le mur… ou réinventer totalement leur activité pour une plus grande résilience, avec des innovations de rupture développées en collaboration avec d'autres acteurs.

DAWN VANCE,
ex-directrice du design chez Nike

Les progrès technologiques et les politiques vertes n'y font rien : nous produisons toujours plus de biens et, si nous ne prenons pas les devants, la pénurie de ressources naturelles nous forcera à changer nos modes de consommation et les stratégies commerciales des entreprises. Cependant, la crise économique pourrait bien avoir accéléré la prise de conscience des consommateurs…

À regarder de plus près quelques secteurs emblématiques, on s'aperçoit que le fameux « pic des objets » (*peak stuff*), ainsi nommé en référence au non moins célèbre « pic pétrolier » (*peak oil*), n'est peut-être pas loin. Dans un article scientifique paru sur ce sujet en 2011[1], l'économiste britannique Chris Goodall, expert des questions énergétiques et climatiques, établit ainsi que l'Angleterre, berceau de la révolution industrielle et dont l'économie occupe la sixième place mondiale, a vu sa consommation de ressources matérielles atteindre un plafond puis baisser entre 2001 et 2003, bien avant la crise économique. Pour Goodall, « le Royaume-Uni a moins consommé de voitures, d'énergie, de matériaux de construction, d'eau, de papier ou de viande au cours de la dernière décennie. Le pays a aussi produit moins de déchets. Et ce, alors que le PIB et la population ont continué de progresser[2]. » Parmi les causes probables de ce découplage entre croissance économique et consommation de ressources, il cite tout à la fois le progrès technologique, une meilleure efficacité énergétique, la tendance à la dématérialisation des échanges mais aussi l'émergence de nouvelles valeurs chez les jeunes et les urbains, le vieillissement de la population et la saturation des marchés.

Pour aller dans le même sens, l'association de prospective Futuribles a mené en 2013 une étude sur l'évolution de la consommation des Français depuis cinquante ans et son impact sur les ressources, pour tenter d'identifier des points ou des signaux de rupture annonciateurs d'un pic de la consommation matérielle à l'horizon 2030[3]. Mais ses conclusions sont mitigées… L'étude note bien quelques pics (-11 % pour les carburants depuis 1992, -23 % pour les journaux et magazines depuis 2002) et quelques seuils (pour la viande, les voitures, les meubles), mais elle n'observe aucune véritable inversion de la consommation. Au contraire : la consommation augmente de manière continue en France depuis 1960, à l'exception de l'année 2012, qui a connu un recul historique du pouvoir d'achat des ménages de 0,9 %. En outre, selon les auteurs, les diminutions observées sur certains produits sont compensées par les augmentations constatées ailleurs : ainsi, la baisse de la consommation de viande est contrebalancée par celle du lait, du fromage et des œufs, pendant que les ventes de journaux diminuent au profit de celles des ordinateurs et tablettes. Contrairement à ce qu'observe Goodall en Angleterre, les effets de la crise sont perceptibles puisque la tendance à la baisse commence en 2007.

Si la crise n'a pas vraiment mis fin à la société de consommation, elle a néanmoins conduit les Français, et plus généralement les Occidentaux, à modifier leurs manières de consommer. Elle pourrait même, sur certains sujets, avoir accéléré les choses. « La crise a été un facteur d'apprentissage pour les consommateurs », faisant progressivement apparaître un nouveau consommateur autour de 2008 et 2009, « privilégiant les produits durables, achetant de façon plus réfléchie et moins compulsive, comparant rationnellement les prix, jaugeant la qualité des innovations sur leur contenu réel », écrit le cabinet Deloitte[4]. Une autre enquête[5] confirme cette analyse en montrant que consommer responsable consiste d'abord pour 46 % des Français à consommer moins de produits superflus, et que la crise est une occasion de revoir les modes de vie et de consommation pour 90 % d'entre eux.

Dans un contexte où les dépenses contraintes augmentent (en France, le logement représente 20 % du budget des ménages, contre 10 % en 1960), de nouvelles pratiques émergent : achat d'occasion, location, troc, faire soi-même, vélo et autopartage, covoiturage ou encore circuits courts comme les AMAP (Associations pour le maintien de l'agriculture paysanne). Les consommateurs ont tendance à rejeter les dictats de la société de consommation : pour les fêtes de Noël 2013, 47 % des Français envisageaient d'offrir des vêtements, des jouets ou des objets de deuxième main[6]. Bien sûr, la motivation est encore principalement économique, mais peu à peu, les mentalités évoluent : la crise aura agi comme un catalyseur. L'envie de « faire durer les objets » et de leur donner une seconde vie séduit désormais 35 % des consommateurs, et 25 % d'entre eux ont conscience qu'il s'agit aussi d'un « modèle de consommation meilleur pour la société » dans la mesure où il permet de lutter contre le gaspillage. Plus globalement, 90 % des Français[7] estiment aujourd'hui qu'on accorde trop d'importance à la consommation, même si 85 % la considèrent comme essentielle à la croissance économique et à l'emploi et que 71 % pensent qu'elle contribue directement au bonheur. Certes, il ne s'agit que d'opinions exprimées, pas forcément suivies d'effet, mais ces études indiquent une évolution de notre culture consumériste, qui pourrait bien précéder un changement effectif des comportements, comme l'attestent cinq marchés emblématiques.

La mode

Passés maîtres dans l'art de renouveler constamment leurs collections, les groupes phare de l'ère de la « fast-fashion » contribuent à entretenir la fièvre acheteuse des consommateurs et à remplir les dressings de quantités incroyables de vêtements à petits prix qui ne seront peut-être jamais portés. H&M, Zara, Uniqlo et autres Topshop ou Primark distillent, au fil des saisons, des collections « capsules » et autres vêtements branchés, sans cesse renouvelés, toujours moins chers, à l'attention des fashionistas de tous âges, sans parler des périodes de soldes qui font s'agglutiner la clientèle devant les magasins avant l'ouverture. La crise a accentué le phénomène : désormais, 78 % des Français affirment attendre les soldes pour acheter des vêtements[8], dans un contexte où les dépenses alimentaires et d'habillement passent après celles de loisirs, de restauration, de culture et de communication. Rien qu'en janvier 2011, les soldes ont représenté 46,6 % des ventes du secteur. Mais les experts relèvent que la période des soldes s'étend progressivement sur toute l'année[9], ce qui transforme l'achat textile en une quête permanente du prix le plus bas au gré des périodes de promotions, de l'enchaînement étourdissant des collections (certaines enseignes en réalisent désormais jusqu'à dix, voire douze par an contre deux naguère), de la montée du e-commerce, et de ce que l'on appelle à présent les « soldes flottants[10] ». Moyennant quoi, malgré la crise, deux tiers des Français déclarent avoir acheté, au cours des deux dernières années, un ou plusieurs vêtements qu'ils n'ont presque jamais portés, et 60 % d'entre eux possèdent jusqu'à dix vêtements qu'ils ne portent jamais[11]. Ces vêtements et accessoires qui dorment dans nos placards représenteraient au bas mot, pour chacun d'entre nous, 114 euros[12].

Ce phénomène n'est évidemment pas qu'hexagonal : il touche tous les pays occidentaux et de plus en plus les pays émergents, où les enseignes de « fast-fashion » se développent en même temps que les classes moyennes. Aux États-Unis, le consommateur moyen achète 64 vêtements différents chaque année, soit un peu plus d'un vêtement par semaine[13] ! En Angleterre, où le sujet occupe le devant de la scène depuis quelques années, sous l'influence notamment de l'enseigne Marks & Spencer qui s'est emparée de la question, on estime la valeur totale des vêtements achetés et non portés à 4,7 milliards de livres sterling, soit près de 46 % du contenu des dressings britanniques.

Le consommateur pris dans le rythme étourdissant des promotions et des collections oublie les impacts sociaux et environnementaux liés à la surconsommation de vêtements (et les étiquettes ne sont pas là pour les lui rappeler…) et n'en prend conscience qu'épisodiquement, à l'occasion de campagnes d'associations environnementales ou d'accidents dramatiques comme l'effondrement, début 2013, du Rana Plaza au Bangladesh, qui a fait plus de mille cents morts parmi les ouvriers travaillant pour les plus grandes marques occidentales.

- *L'impact environnemental*

L'impact environnemental de l'industrie textile est colossal. La culture du coton est une des plus polluantes de la planète : les champs de coton représentent 4 % des surfaces agricoles mondiales, mais consomment à eux seuls 24 % du total des insecticides agricoles et 11 % du total des pesticides. La production de 1 kilo de coton (de quoi fabriquer un jean et un T-shirt) nécessite 7 000 litres d'eau, 75 grammes de pesticides, 2 kilos d'engrais chimiques. Les victimes de ces pratiques sont d'abord les personnes qui travaillent dans les exploitations : en 1990, 50 % des travailleurs des champs de coton égyptiens présentaient des symptômes d'empoisonnement aux pesticides ainsi que des perturbations du système nerveux ou de la vision.

Viennent ensuite la teinture et la transformation : dans un pays ne disposant d'aucune législation sur le traitement des eaux, la production du vêtement vire à l'horreur écologique et sanitaire. À chaque étape (ennoblissement de la fibre, puis teinture et délavage), les usines déversent des quantités de produits chimiques dans la nature. Outre le danger pour les ouvriers, cela peut aussi présenter un risque pour le consommateur car des colorants toxiques mal fixés, en contact avec la peau, peuvent être nuisibles à la santé. C'est ce que dénonce Greenpeace dans sa récente campagne Detox menée depuis 2011. Visant précisément les marques emblématiques de la « fast-fashion », l'ONG a prouvé les effets parfois ravageurs de l'utilisation de produits chimiques dans les vêtements (démangeaisons, allergies, brûlures, système hormonal déréglé, etc.), poussant certaines de ces marques (Levi's, Zara, Mango, Marks & Spencer, Nike, Adidas, Puma, C&A…) à bannir ces produits.

De plus, ces transformations successives occasionnent des transports dont le client n'a aucune idée : certains pantalons vendus en France combinent du coton indonésien confectionné au Bangladesh, une fermeture Éclair bangladaise et des boutons ou rivets de Hong-Kong.

Mais l'histoire ne s'arrête pas là, car la moitié de l'impact environnemental d'un vêtement survient après qu'il a été produit et vendu[14] : machine à laver, sèche-linge et fer à repasser consomment une grande quantité d'électricité. L'impact est encore pire si on apporte ses vêtements au pressing car les procédés de teinturerie utilisent des produits toxiques, comme le perchloroéthylène, et consomment beaucoup d'énergie.

Enfin, la production de déchets est également colossale : en France, 470 000 tonnes de vêtements finissent chaque année dans une poubelle, ce qui représente en moyenne 11 kilos de vêtements, chaussures, linge de maison par an et par personne[15], tandis qu'on en achète 700 000 tonnes.

• *L'impact social*

Le volet social lié à la sous-traitance dans les pays émergents est un autre écueil du vêtement à bas prix. Rien d'étonnant à ce qu'à la fin des années 1990, l'industrie ait été immédiatement mise en cause dans les débats sur les conditions de travail dans ces pays... Résolument mondialisé, le secteur textile (7 % des exportations mondiales en 2000) voit un quart de sa production fabriquée en Chine[16], ou dans des pays comme le Cambodge, le Bangladesh où les vêtements représentent respectivement 78 % et 85 % des exportations. En quelques années, dans les pays occidentaux, l'industrie textile a fondu comme neige au soleil : en 1990, les États-Unis fabriquaient la moitié de leurs vêtements chez eux, aujourd'hui seulement 2 %[17]. Dans les pays émergents, malgré une relative augmentation, les salaires ne permettent pas de faire vivre une famille, et les conditions de travail déplorables font régulièrement la une des médias à cause des accidents ou des révoltes d'ouvriers. Même dans les pays d'Afrique, dont certains fournissent le prêt-à-porter occidental, le coût du travail est plus élevé qu'au Bangladesh. Il semble que le système arrive à un point de rupture : à terme, les grandes marques de prêt-à-porter devront soit augmenter leurs prix, soit diminuer leurs marges. « Les produits extrêmement bon marché, ceux que les gens achètent comme ça et qu'ils jettent tout aussi facilement, n'existaient pas il y a quinze ans en Europe et aux États-Unis, rappelle Agnès Chevallier, économiste au Centre d'études prospectives et d'informations internationales (CEPII)[18]. Dans un rapport de 2010, le Bureau international du travail (BIT) estimait que cette phase-là, celle des produits extrêmement bon marché, était vouée à prendre fin dans un futur pas si lointain. Ce serait effectivement compliqué que cela dure toujours. Mais cela implique l'émergence d'un autre système, d'une autre économie. »

• *Les voies d'avenir*

Le recyclage

En France, des systèmes de collectes ont été mis en place : un éco-organisme officiel (EcoTLC) est désormais chargé d'animer un système incitatif pour les marques, qui doivent s'acquitter depuis 2006 d'une taxe dite « Emmaüs » (moins de 1 centime d'euro par vêtement) pour tous les produits d'habillement, cuir, chaussures et linge de maison. Pour autant, en France, seuls 25 % sont recyclés[19].

Certaines marques n'ont pas attendu la contrainte réglementaire, qui n'existe d'ailleurs pas dans tous les pays, pour mettre en place des systèmes de récupération et de recyclage. Ainsi, la marque japonaise Uniqlo a développé depuis 2001 un concept qui permet de ramener ses vêtements griffés Uniqlo dans ses boutiques. Ils sont ensuite redistribués dans des camps de réfugiés dans douze pays du monde, ou alors triés et donnés à des personnes défavorisées. En France, l'entreprise textile Happychic, qui regroupe les marques Bizzbee, Jules ou Brice avec six cents magasins répartis dans douze pays, s'est engagée dans une initiative originale de recyclage de ses vêtements, baptisée New Life : à partir de la collecte sélective faite en magasins auprès de ses clients, l'entreprise organise un tri par couleur, matière et composition, et récupère le fil pour en faire des pulls. Résultat : les pulls New Life, tricotés à base de fil recyclé, ont été lancés en magasins fin janvier 2012. Un centre commercial de São Paulo a créé un concept-store éphémère, aux murs de verre et aux étagères totalement nues, baptisé « A Loja Vazia » (« The Empty Shop »), qui s'ouvrait vide chaque matin et se remplissait chaque jour en fonction des dons de vêtements. Encouragé par les stylistes, blogueurs de mode ou célébrités, chacun était invité à apporter des vêtements en bon état, à l'intention des plus démunis. Ce concept qui se revendique « open-source » (c'est-à-dire à la disposition de tous ceux qui souhaiteraient réitérer l'expérience), aurait déjà fait école et devrait être reconduit dans d'autres parties du monde... La marque française APC (Atelier de production et de création), créée par Jean Touitou en 1987, s'est mise à vendre dans sa gamme « APC Butler / Worn-Out Series » des jeans « maison » déjà portés mais rénovés, puis customisés et revendus ornés des initiales de leur premier propriétaire en gage de « traçabilité » de l'histoire du vêtement : en échange, celui-ci repart avec un produit neuf à moitié prix.

Mais la palme des initiatives de récupération de vêtements revient sans conteste à l'enseigne anglaise Marks & Spencer qui fait preuve d'une remarquable ténacité. La chaîne propose depuis 2008 à ses clients de ramener leurs vêtements (dont au moins une pièce venant de chez Marks & Spencer) à Oxfam : cette ONG de solidarité se charge, comme Emmaüs en France, de récupérer les vêtements d'occasion et de les revendre dans ses boutiques. L'originalité tient au fait que les clients Marks & Spencer se voient remettre par Oxfam, en échange de leur don de vêtements, un coupon incitatif de 5 livres sterling à partir de 35 livres sterling d'achats mensuels chez Marks & Spencer. L'opération est un succès : dans les seules trois premières années de l'initiative, elle avait convaincu 2 millions de clients qui avaient ramené 7 millions de vêtements dont la revente représentait 3 millions de livres sterling de revenus pour Oxfam. Et sur le volet « business », le bilan est également très positif puisque 55 % des clients utilisent le coupon (contre 5 % pour des opérations standard de distribution de bons de réduction), l'opération rapportant globalement 7 millions de livres sterling de profits additionnels pour Marks & Spencer.

Et que deviennent les vêtements que les enseignes de « fast-fashion » n'arrivent pas à vendre ? Il y a quelques années, H&M fut l'objet d'une controverse à partir d'un article du *New York Times*[20] dénonçant la destruction au cutter de vêtements neufs et invendus par l'un des magasins de la marque. Depuis, l'enseigne suédoise s'est engagée à trouver des solutions comme le don à des associations. Elle a également lancé Waste, une ligne de dix vêtements intégralement recréés à partir des invendus d'une collection créée avec Lanvin. Enfin, elle propose de collecter des vêtements usés ou démodés, quelle que soit leur marque, pour les recycler. « Ne les laissez pas s'accumuler au fond d'un placard », exhorte H&M sur son site. En échange, elle distribue elle aussi des bons d'achat.

Mais comme on l'a vu, le recyclage ne revient finalement qu'à déculpabiliser les acteurs et les adeptes de la « fast-fashion ». Il ne résout pas les problèmes engendrés par cette industrie. Le salut viendrait-il de la « slow-fashion » ?

La « slow-fashion »

La « fast-fashion » est si ancrée dans nos habitudes qu'il semble désormais impossible de faire machine arrière. Certes, la crise est passée par là, multipliant les friperies et autres cordonneries qui autrefois s'adressaient plutôt aux consommateurs qui n'avaient pas le choix. Désormais, on s'y presse, toutes catégories sociales confondues. Et puis, certaines enseignes, peu nombreuses, parviennent à avancer à contre-courant. Un bon exemple en est fourni par agnès b. qui, depuis l'ouverture de sa première boutique, en 1975, multiplie les efforts pour maintenir sa production en France. Pour la créatrice, il « est important de continuer à faire vivre cette industrie pour éviter qu'elle meure et que des villes entières se retrouvent au chômage. C'est aussi une façon de contribuer au rayonnement de notre culture à l'étranger. Une minute de travail dans certains pays est soixante-dix fois moins chère qu'en France mais, en revenant produire ici, les entreprises contribueraient à augmenter les volumes et à baisser les prix. » À l'heure actuelle, il n'est plus possible de fabriquer 100 % de la collection en France. Certains des fournisseurs de l'entreprise ont été contraints de transférer tout ou partie de leur outil de production à l'étranger. D'autres ont disparu, obligeant agnès b. à se tourner vers d'autres pays, par exemple le Pérou pour la maille, ou la Lituanie pour la confection de tailleurs. Malgré tout, plus de 40 % de ses produits sont confectionnés sur place et, depuis 2010, étiquetés « Fabriqué en France ». Une façon de prolonger l'engagement central de la marque qui propose une mode qui ne se démode pas et peut donc se porter très longtemps : une forme d'écologie avant l'heure.

La « slow-fashion », ne serait-ce pas finalement un retour à l'essence du luxe ? Un produit de très grande qualité, souvent issu d'un savoir-faire artisanal et traditionnel qui s'inscrit dans un temps plus « slow » que « fast », un produit réparable, qui coûte certes cher à l'achat mais traverse le temps et peut être transmis aux générations futures : n'est-ce pas cela le vrai luxe, le luxe authentique, tel que l'incarnaient des figures comme Madeleine Vionnet ? Couturière visionnaire et puriste de la mode, elle déclina la proposition que lui fit Théophile Bader, fondateur des Galeries Lafayette, qui souhaitait vendre des modèles Vionnet produits en série dans ses grands magasins. En défendant son idée du luxe, elle fut l'une des pionnières de la « slow-fashion ».

Depuis que le luxe a basculé dans l'industrie et la finance, avec la constitution de conglomérats (naissance de LVMH en 1987, rachat de Gucci Group par PPR en 1999), l'heure est plus à la production en série qu'au 100 % fait main, mais de nouvelles Madeleine Vionnet reprennent le flambeau, et certaines maisons continuent à résister à la « fast-fashion ». Témoin, la marque de chaussures

Weston, installée dans le Limousin depuis 1891, dont tous les modèles sont cousus main, et vendus entre 150 et 3 000 euros. Aujourd'hui, les peaux viennent d'Allemagne et d'Autriche, car les bêtes françaises n'ont plus le cuir assez épais depuis que le productivisme a sélectionné les races et contraint à un abattage rapide. Pour le tannage, ils utilisent des tanins végétaux (l'un est issu du quebracho, un arbre argentin, l'autre du châtaignier) dans lesquels les peaux sont trempées pendant deux mois, une opération qui pourrait être réduite de plusieurs semaines par les procédés modernes utilisant agents chimiques et fours, au détriment de la qualité (d'ailleurs, les instruments utilisés pour le tannage sont à peu de choses près les mêmes qu'en 1860, date de création de la tannerie). Puis les peaux reposent huit à neuf mois dans des fosses, au milieu des écorces de chêne, pour fixer le tanin. Les 100 000 paires de chaussures vendues chaque année par J. M. Weston sont fabriquées à la main sur des machines qui ne sont plus sur le marché, ce qui contraint la marque à faire appel à des sociétés anglaises qui répliquent l'outillage pièce par pièce. Ici, le temps est lent : il faut plus d'un an pour passer de la tannerie au mocassin final. Enfin, Weston, qui assure dans ses ateliers quarante réparations par jour, offre à ses clients la possibilité de conserver à vie leurs paires de chaussures en les remettant à neuf[21].

La location

La « fast-fashion » n'est pas une fatalité. La location de vêtements et d'accessoires se répand dans toutes les classes sociales : il n'est plus rare de louer une robe ou un sac pour une soirée, un mariage ou un week-end en amoureux. Hormis quelques anciennes boutiques spécialisées, ce système de location passe aujourd'hui essentiellement par Internet. Outre-Atlantique, les stars du genre s'appellent Avelle ou Bags to Riches. Le principe de fonctionnement est simple : Avelle loue des sacs à main de grandes marques (Vuitton, Prada, Chanel, Saint-Laurent...). La cliente souscrit un abonnement de trois mois minimum, en choisissant entre différentes formules : pour 16 à 107 euros par mois, les clientes abonnées peuvent garder le sac aussi longtemps qu'elles le souhaitent, sans limite de temps. Si elles ne peuvent se résoudre à le rendre, elles peuvent l'acquérir à un prix avantageux. Avelle propose aussi depuis 2009 un service de nettoyage et de réparation pour prolonger la durée de vie des sacs à main de ses clientes et « leur éviter la tentation d'un nouvel achat ». Signe que cette approche pourrait séduire les leaders d'opinion, Avelle apparaît dans le film *Sex and the City* sorti en 2008 !

En Suède, quatre femmes ont créé, à l'occasion de la Fashion Week de Stockholm, la première bibliothèque de vêtements : la Lanegarderoben. Les

Suédois achètent en moyenne 24 kilos de vêtements par an (soit 9 kilos de plus qu'en 1994). La location est dans ce contexte une réponse responsable qui peut plaire à tous : un tarif d'abonnement économique, un grand nombre de modèles à disposition et la possibilité d'avoir du style en diminuant ses impacts environnementaux (matériaux, teinture, transport...). Cette bibliothèque d'un genre nouveau fonctionne comme une bibliothèque de prêt traditionnelle : les adhérents paient un abonnement annuel qui leur permet d'emprunter des vêtements pour une durée limitée. Comme pour les livres, il faut régler une amende en cas de retard. Autres exemples d'initiatives similaires : en Allemagne, Lütte-Leihen offre depuis 2007 un service de location de layette. Sur la base d'un abonnement mensuel, les parents peuvent choisir entre différentes pièces de vêtements livrés par courrier, ou à domicile. En Angleterre, à Oxford, l'association Leche League gère depuis quelques années une « Maternity Clothes Library », bibliothèque spécialisée dans les vêtements de maternité et d'allaitement, où l'emprunt d'un vêtement pour toute la durée de la grossesse ne coûte que 2 livres sterling.

Le développement d'une économie plus circulaire

Ces nouvelles façons de consommer de la mode peuvent-elles transformer les modèles économiques des principales entreprises du secteur ? C'est le pari étonnant de Patagonia, spécialisée dans les vêtements « outdoor », qui a décidé il y a quelques années de réduire l'étendue de sa gamme et de modérer volontairement sa croissance (en contrepartie, l'entreprise s'est engagée à durer cent ans), en privilégiant la récupération et le recyclage de ses vêtements. Plus récemment, elle a incité ses clients à acheter moins de ses produits, s'attaquant directement à l'impact environnemental de nos modes de consommation et de notre culte de la nouveauté permanente. Concrètement, dans la lignée de son initiative « Common Threads » (qui invite à réduire, réutiliser, recycler mais aussi réparer les vêtements), Patagonia a passé un accord avec eBay pour permettre à ses clients de revendre leurs vêtements d'occasion sur son site. Et le succès est au rendez-vous. Premier bénéfice : cela permet à Patagonia de faire passer l'idée que, même dans l'univers de la mode, mieux vaut acheter plus cher des produits de grande qualité qui durent (les produits Patagonia sont garantis à vie) ; deuxième bénéfice : les clients qui revendent leurs vêtements Patagonia sur le site peuvent, avec le produit de la vente, s'acheter d'autres vêtements de la marque, tandis que les vêtements vendus d'occasion rendent accessible la marque à de nouveaux clients ; troisième bénéfice : les vêtements d'occasion non vendus sur le site peuvent être rachetés à bas prix par Patagonia ou ses fournisseurs, pour les recycler.

En 2011, la marque s'est distinguée par une publicité dans le *New York Times* : « N'achetez pas cette veste », et en profitait pour lister les impacts écologiques liés à la production d'une polaire : 135 litres d'eau (« assez pour satisfaire les besoins quotidiens de quarante-cinq personnes ») et 9 kilos de CO_2. En 2013, elle a « récidivé » avec une pleine page dans le même journal pendant la Fashion Week. Sous le slogan « Mieux que neuf », on pouvait y voir un ancien modèle de short de surf Patagonia de 1994, rapiécé avec la toile d'un vieux parasol. Le texte en légende enfonçait le clou : « Cette semaine, c'est la Fashion Week : professionnels et consommateurs prêtent avant tout attention à ce qui est neuf. Nous voudrions leur signaler quelque chose de mieux : ce qui dure. Même si nous sommes fiers de la qualité et de la performance des vêtements Patagonia, chaque nouveau produit que nous fabriquons — ou que n'importe qui fabrique — a un coût pour la nature que nous ne sommes pas capables de rembourser. C'est pourquoi nous avons choisi de célébrer autant nos vêtements anciens que nos nouvelles gammes. Nous demandons à nos clients de nous envoyer les histoires et photos de leurs vêtements Patagonia les plus anciens... » Cohérente jusqu'au bout, l'entreprise a également ouvert, dans son magasin de Portland, un espace « Worn Wear », à savoir que Patagonia rachète à moitié prix ses propres produits d'occasion à ses clients, les répare pour les remettre en vente...

Moralité, qu'il s'agisse d'acheter des vêtements d'occasion, moins de produits mais de meilleure qualité et plus durables, de louer ses vêtements ou accessoires, ou encore d'étendre leur durée de vie en les faisant reprendre ou réparer selon les besoins, de multiples alternatives à la surconsommation textile et à la « fast-fashion » existent qui n'attendent que d'être popularisées par des marques. Peu à peu, les choses évoluent : 70 % des consommatrices déclarent que « les prix dans l'habillement ne veulent plus rien dire[22] », sentiment partagé par toutes les générations. Allant dans ce sens, l'auteure et entrepreneure américaine Kathryn Finney, créatrice du blog à succès « The Budget Fashionista », a ainsi inventé le concept de « *cost per wear* » : ce ratio simple permet de calculer le coût réel d'un vêtement, selon le principe que plus il est porté, plus son coût à l'usage est faible. En clair, il vaut mieux investir dans des vêtements ou chaussures de qualité au coût plus élevé mais à la durée de vie plus longue. La chaîne anglaise de prêt-à-porter Asos a d'ores et déjà intégré cet outil sur son site de vente en ligne. Le *cost per wear* est moins une façon de déculpabiliser les consommateurs qu'un excellent moyen de leur faire prendre l'habitude d'une mode plus durable et intemporelle. Il devrait accélérer le mouvement vers un recentrage des achats sur un nombre plus réduit de pièces, aux prix plus élevés et à la durée de vie plus longue. Une attitude particulièrement perceptible chez les 25-54 ans, signe, peut-être, d'un retournement des comportements.

Les médicaments

Chaque année, dans le monde, on consomme pour plus de 950 milliards de dollars de médicaments. Selon les Nations unies, 15 % de la population mondiale consomme 90 % des médicaments, et les 30 % les plus pauvres ne représentent qu'à peine 1 % de la consommation totale.

Les dépenses en médicaments ne cessent d'augmenter, et devraient atteindre 1 200 milliards de dollars en 2016[23]. Pour autant, dans les pays développés, ces dépenses devraient bientôt stagner, du fait des politiques de santé et de l'essor des génériques. Ainsi, la France, qui était le troisième plus gros consommateur de médicaments au monde en 2006 (derrière les États-Unis et le Japon), est passée à la cinquième place mondiale en 2011 (doublée par la Chine et l'Allemagne) et devrait se retrouver à la sixième place en 2016, avec l'entrée du Brésil dans le palmarès de tête. L'essentiel de la croissance mondiale viendra désormais des pays en développement qui voient leur consommation exploser du fait des progrès du revenu moyen par habitant, des programmes d'accès aux soins financés par les gouvernements et aussi du faible coût de certains médicaments, notamment génériques. À l'horizon 2016, ces pays représenteront un tiers de la consommation mondiale, avec en tête de classement la Chine, qui devrait « peser » 165 milliards de dollars (en hausse de 146 % par rapport à 2011), suivie du Brésil, environ 50 milliards de dollars (en hausse de 73 %), puis de la Russie et de l'Inde, environ 30 milliards de dollars chacune (en hausse de 50 %).

Même si la tendance à la hausse, constante depuis des années en France, s'est néanmoins un peu infléchie depuis 2012, les Français achètent encore plus de 3 milliards de boîtes de médicaments par an, avec une dépense moyenne par habitant qui représente une fois et demie celle de l'Allemagne ou de l'Espagne. Les Français sont 30 % au-dessus de la moyenne des pays riches de l'OCDE en valeur et 50 % au-dessus en volume : en moyenne, un Français consomme quarante-huit boîtes de médicaments par an. Comme le résumait Bernard Kouchner, médecin et secrétaire d'État à la Santé, il y a quelques années, « la France est un pays où la surconsommation médicamenteuse est flagrante et injustifiée[24] ».

En théorie, le médicament ne devrait être que l'ultime recours et non, comme nous le faisons trop souvent, le premier réflexe. Ainsi, en 2009, la France était toujours deuxième consommatrice mondiale d'antibiotiques avec 29,6 doses journalières pour 1 000 personnes derrière la Grèce avec 38,6 doses mais face à une moyenne des pays de l'OCDE de 21,1[25], malgré les campagnes d'information qui ont fait chuter leur prescription de 23,4 % en cinq ans.

Facteur aggravant, les enfants de 0 à 5 ans en sont les premiers consommateurs.

Cette trop large prescription des antibiotiques, que ce soit en médecine humaine ou vétérinaire, partout dans le monde, a plusieurs conséquences néfastes : d'abord, seules les bactéries les plus résistantes ont réussi à survivre et à se multiplier, et les experts craignent de manquer bientôt de traitements efficaces[26] ; ensuite, les antibiotiques, dont une toute petite partie des principes actifs reste dans l'organisme, sont rejetés avec les excréments et ne sont pas traités par les stations d'épuration. On les retrouve donc en quantité importante dans les nappes phréatiques et également dans l'eau potable.

Or, on prescrit beaucoup trop d'antibiotiques, surtout en France. La Caisse d'assurance maladie remboursait en 2007 plus de 21 milliards d'euros. Sur huit classes de médicaments couramment prescrits et représentant 40 % des dépenses de la Sécurité sociale, la France affiche un montant moyen de dépense par habitant de 114 euros, alors que ce chiffre est nettement moins élevé dans les pays voisins : 90 euros en Italie, 94 euros en Espagne, et 70 euros en Allemagne[27]. Selon les enquêtes de la Cour des comptes et de l'Inspection générale des affaires sociales, l'une des explications serait la pression des laboratoires sur les médecins qui serait plus élevée en France où on compte un visiteur médical pour neuf médecins, soit deux fois plus qu'en Angleterre ou en Allemagne et quatre fois plus qu'aux Pays-Bas. En Angleterre, les dépenses de promotion ne peuvent excéder 4 % du chiffre d'affaires des laboratoires, en France 10 %.

Les laboratoires ont par ailleurs tendance à encourager les médecins à prescrire leurs médicaments « hors indication », c'est-à-dire pour un usage non prévu. Or, pour l'OMS, l'usage inapproprié des médicaments est un aspect de cette surconsommation. Un phénomène mondial, puisque dans un rapport de l'OMS sur l'usage rationnel des médicaments paru en 2010, il est dit que 50 % des médicaments ne seraient pas prescrits, délivrés ou vendus comme il convient. Une étude menée en 2004 par la revue *Prescrire* révélait que les indications présentées aux médecins, en France, ne correspondaient pas dans 35 % des cas aux indications officielles, voire étaient totalement différentes. Le cas du Diane 35, qui a défrayé la chronique, est emblématique : ce médicament, bien qu'ayant initialement reçu une autorisation de mise sur le marché en 1987 pour le seul traitement de l'acné, était dans la pratique surtout prescrit comme contraceptif. *Idem* pour les antibiotiques : « Les médecins prescrivent encore trop souvent ces médicaments pour des pathologies virales ou des maladies courantes de l'hiver, alors que les antibiotiques sont efficaces seulement contre les bactéries », explique le docteur Vincent Jarlier, président de l'Observatoire national de l'épidémiologie de la résistance bactérienne aux antibiotiques (Onerba).

Pour ne rien arranger, le même travers est à l'œuvre vis-à-vis de nos animaux domestiques et de ferme. La France ne consomme pas moins de 1 179 tonnes d'antibiotiques animaux par an (contre 668 tonnes pour l'Allemagne, en deuxième position) et 0,70 tonne d'hormones (là encore, la France occupe la première place).

C'est l'un des paradoxes du monde moderne : les médicaments que nous consommons pour nous soigner rendent malade la planète et risquent de nous rendre malades à notre tour, par un malencontreux effet boomerang. Des résidus de centaines de produits pharmaceutiques, des hormones comme l'œstrogène, en particulier, mais aussi les anticancéreux, les antibiotiques et même l'aspirine se retrouvent en abondance dans les rivières et dans les sols. L'eau potable que nous utilisons contient elle-même d'importants résidus médicamenteux. Les stations d'épuration n'arrivent pas à détruire toutes les molécules à usage humain ou vétérinaire. Les boues d'épandage finissent dans les champs où elles sont utilisées comme engrais, sans que l'on connaisse leur effet à long terme sur l'écologie.

Si nous ne faisons rien, la pollution de notre environnement par les produits pharmaceutiques pourrait bien devenir la prochaine crise écologique menaçant directement notre santé. « Depuis que des campagnes de prélèvement ont été lancées dans différents pays du monde, explique Jean-Marie Haguenoer, président de l'Académie nationale de pharmacie, on trouve des traces de médicaments partout et tout le temps. Le plus préoccupant, ce sont les produits de type anticancéreux, les hormones et les antibiotiques. » L'Académie nationale de pharmacie n'est pourtant pas connue pour ses penchants révolutionnaires. Certaines stations d'épuration peuvent détruire une grande partie des molécules qui entrent dans la composition des médicaments mais parfois seulement à hauteur de 40 %. Les perturbateurs endocriniens, en particulier, sont difficiles à éliminer. Trois études menées par les directions régionales de l'action sanitaire et sociale sur l'eau potable de trois régions françaises (Midi-Pyrénées, Basse-Normandie, Rhône-Alpes), ont également découvert une vingtaine de molécules pharmaceutiques (anti-épileptiques, anti-inflammatoires, tranquillisants, antalgiques, anti-cholestérol, parmi d'autres) dans l'eau que nous consommons.

La cause principale est notre niveau de consommation de ces molécules, car une infime partie des médicaments ingérés reste dans notre organisme : la majorité des médicaments consommés est rejetée dans les urines et les selles, et finit dans l'environnement. Mais une autre cause, elle aussi liée à notre surconsommation, est le gaspillage qui concernerait, chez les seuls particuliers, 14 % des médicaments vendus chaque année. Nos armoires à pharmacie contiendraient 23 500 tonnes de médicaments bons à être jetés, d'une valeur totale estimée à 7 milliards d'euros : le problème est aggravé du fait que plus de 30 % des Français jettent leurs médicaments à la poubelle, et 4 % dans les toilettes ou le lavabo. À cela s'ajoutent les médicaments périmés détruits chaque année dans les hôpitaux (valeur estimée : 50 millions d'euros) et ceux qui restent inutilisés dans les maisons de retraite (80 millions d'euros)[28]. Face à cette situation, certains pays comme la Suède ont mis en place une classification des médicaments en fonction d'un indice de pollution de manière à contrôler en amont leur mise en circulation. Mais en France, ce système n'existe pas. En outre, le système de collecte et de recyclage des médicaments, mis en place en France en 1993 *via* le circuit des pharmacies, est assez peu efficace (11,6 % des emballages et 5,7 % des médicaments seraient concernés, selon une étude de l'Académie nationale de pharmacie) : « Les médicaments non collectés prennent donc, pour l'essentiel, le circuit des ordures ménagères ou des eaux usées. »

Autre motif d'inquiétude dû à la surconsommation : l'accumulation des effets secondaires. Les médicaments sont des produits chimiques puissants, jamais anodins. Leur capacité à soigner est toujours accompagnée d'effets secondaires connus et listés, plus ou moins graves. Les accidents médicamenteux liés aux effets secondaires sont une réalité, comme l'ont illustrée quelques retentissantes affaires, dont celle du Mediator. Ce médicament, qui était à l'origine un antidiabétique, a été largement détourné de son usage initial pour être prescrit comme coupe-faim à des patients qui souhaitaient perdre quelques kilos. Ce sont près de cinq millions de personnes qui en auraient consommé pendant trente ans avant qu'il soit retiré du marché en 2009. Suspecté de provoquer de l'hypertension artérielle pulmonaire et de graves lésions des valves cardiaques, le Mediator pourrait avoir tué plus de 2 000 personnes[29]. À l'issue de cette affaire, un rapport sur la pharmacovigilance fut rédigé par la commission des Affaires sociales de l'Assemblée, dans lequel le député Roland Muzeau estimait, en France, « à 150 000 le nombre d'hospitalisations annuelles liées à des accidents médicamenteux et de 13 000 à 18 000 le nombre de morts provoquées par des médicaments[30] ». Dans une autre étude portant sur les hospitalisations, les auteurs concluaient que « 3,60 % des hospitalisations étaient dues à des effets indésirables de médicaments » (contre 3,19 % lors de la précédente étude menée en 1998), et estimaient « le nombre annuel d'hospitalisations dues à des effets indésirables de médicaments en France à 143 915 et le nombre de journées d'hospitalisation à 1 480 885[31] ». Dans certains cas, les effets indésirables des médicaments ont des conséquences plus graves que l'hospitalisation et conduisent au décès du patient. Curieusement, en ce qui concerne le nombre de ces décès, il n'existe pas de chiffres officiels (de même qu'il n'existe pas de statistiques officielles sur les accidents médicamenteux à l'Oniam[32]). Cependant, différentes estimations avancent des chiffres compris entre 18 000 et

34 000, voire davantage[33]. Dans tous les cas, cela représente plus que les suicides et les accidents de la route réunis[34] !

Il y a quelques années, une proposition de résolution avait été déposée à l'Assemblée nationale par Jean-Marie Le Guen, député socialiste et médecin, visant à renforcer les conditions de suivi des autorisations de mise sur le marché des médicaments, grâce à des études sur les décès attribués en France aux effets secondaires des médicaments et sur les lacunes du système national de pharmacovigilance. Mais la résolution fut rejetée…

- *Les voies d'avenir*

L'évolution des dépenses en matière de médicaments se tasse doucement dans les pays occidentaux. En France, elles sont parmi les plus basses de l'OCDE, avec une croissance annuelle moyenne de 1,9 % sur la période 2000-2009, contre 11,1 % pour la Grèce, 3 % pour l'Allemagne. Mais cette baisse due surtout à l'arrivée des génériques ne signifie pas pour autant que notre consommation décroît ; pour preuve, ce propos récent de la ministre de la Santé Marisol Touraine expliquant qu'elle voulait « obtenir des économies spécifiques sur le médicament, car la France reste un pays dans lequel on consomme plus en volume par rapport aux pays comparables ». La ministre a également décidé de tester la vente de médicaments à l'unité pour une durée de trois ans, un système qui fonctionne bien aux Pays-Bas, au Royaume-Uni, aux États-Unis et au Canada, et pourrait faire ses preuves dans l'Hexagone où, selon un rapport de la Cour des comptes paru en 2011, « les Français consomment 40 % de doses de médicaments de plus que leurs voisins proches (1 559 unités de prises par habitant contre 764 en Italie) pour un montant moyen supérieur de 90 % (535 euros par habitant contre 199 euros en Espagne)[35] ». Mais le système d'assurance maladie n'incite pas les Français à changer de comportement : en 2009, les ménages hexagonaux payaient de leur poche seulement 17 % de leurs dépenses pharmaceutiques contre 60 % pour les Polonais et les Estoniens.

De manière générale, la limitation individuelle de la consommation de médicaments pourrait passer par un recours plus fréquent aux médecines douces, qui soignent le « terrain » sans effets secondaires pour la planète et le corps humain, voire parfois sans médicaments du tout (ostéopathie, acupuncture, etc.). Efficaces pour soigner ou prévenir la survenance de maladies bénignes ou chroniques, ces médecines sont encore méconnues et peu développées, du fait d'une reconnaissance officielle frileuse (les politiques publiques sont généralement assez peu enclines aux démarches préventives), d'un encadrement défaillant qui nuit à leur crédibilité et donc d'un manque de prise en charge par les systèmes d'assurance maladie. Nous sommes encore loin du modèle économique ancestral chinois où le médecin gagne d'autant plus que son patient est en bonne santé ! L'exemple de l'ostéopathie, dix ans après sa reconnaissance officielle, est révélateur : malgré l'engouement des Français pour cette médecine alternative partiellement remboursée par les mutuelles, la multiplication du nombre d'écoles délivrant le titre d'ostéopathe a été insuffisamment encadrée. Dans un contexte de concurrence débridée s'affrontent ainsi quelque 9 000 ostéopathes pratiquant exclusivement cette activité mais aussi 6 500 kinésithérapeutes et 1 400 médecins formés à la discipline. Un rapport de l'Inspection générale des affaires sociales (IGAS), rédigé en 2010, juge ainsi la procédure d'agrément des écoles « faussement contraignante », « mal organisée » et « de faible qualité ». Il épingle, sans les nommer, ces établissements formant au prix fort (40 000 euros pour cinq ans d'études) des bacheliers ou des professionnels de santé (kinésithérapeutes, infirmiers) à une sous-ostéopathie : programmes creux, enseignants non qualifiés, locaux exigus ou inexistants, quasi-absence de stages pratiques, remise de diplômes à tout-va…

En France, mais pas seulement, la logique dominante est celle du soin au détriment de la prévention. Par exemple, les approches misant sur l'alimentation comme facteur de santé sont encore balbutiantes. Pourtant, la prévention nutritionnelle pourrait éviter un tiers des cancers les plus communs dans les pays industrialisés (dont la France qui compte chaque année 360 000 nouveaux cas)[36]. Dans le même esprit,

David Servan-Schreiber, dans son ouvrage *Anticancer*, rapporte une étude sur les Indiens du Paraguay et de Nouvelle-Guinée dont les adolescents ne connaissent aucune trace d'acné alors que celle-ci affecte 80 à 95 % des adolescents de moins de 18 ans dans nos pays. C'est vraisemblablement dû à un régime alimentaire traditionnel totalement exempt de sucre raffiné et de farine blanche. Ces approches sont autant de pistes à suivre pour réduire la surconsommation chronique de médicaments dans le monde.

L'électronique grand public

À l'ère du numérique, les appareils électroniques sont partout : téléphones fixes ou portables, téléviseurs, chaînes hi-fi, lecteurs MP3, tablettes, ordinateurs, appareils photo ou caméscopes… En 2012, 98,1 % des Français étaient équipés d'un téléphone mobile[37] contre 78 % en 2008 et 47 % en 2000. L'Inde (69 %), la Chine (81 %) ou le Canada (76 %) paraissent à la traîne de cette invasion numérique alors qu'au même moment, ce taux était déjà de 125 % au Brésil, 131 % en Allemagne, 159 % en Italie, 133 % en Pologne, 183 % en Roumanie et 109 % au Japon. Un tiers des Français changent de téléphone portable chaque année, et l'on estime à 8 millions le nombre de portables non utilisés ou jetés à la poubelle !

Le marché de la téléphonie est donc particulièrement emblématique de notre surconsommation électronique, avec une évolution fulgurante depuis l'apparition du premier téléphone portable en 1983. En 2002, environ 1 milliard de téléphones étaient en circulation dans le monde, 2,5 milliards en 2009 et 7,3 milliards en 2014[38]. Plus d'une centaine de pays dans le monde auraient déjà un nombre de téléphones portables supérieur à celui des habitants : ainsi, la Russie possède 1,8 fois plus de téléphones que de citoyens, et le Brésil 1,2 fois…

La téléphonie mobile n'est pas le seul segment affecté par ce syndrome. De nouveaux appareils apparaissent sans cesse et rendent toujours plus vite obsolètes leurs prédécesseurs : les lecteurs MP3 ont éclipsé les discmans et autres walkmans d'antan, les ventes mondiales de tablettes numériques ont rattrapé celles des PC portables en 2013 et représentent désormais plus de 220 millions d'unités par an (contre 129 millions en 2012, 72 en 2011 et 40 en 2010) : elles devraient peser 580 millions d'unités vendues en 2017[39], pendant que les ventes de PC ont commencé à baisser (-10 % en 2013 par rapport à 2012[40]), cela dans un contexte où 81 % des Français disposent d'au moins un ordinateur à domicile (98 % des 12-17 ans), 35 % des foyers ayant même plus d'un ordinateur à la maison[41]…

Autre marché emblématique de notre dépendance à la consommation de technologies : la télévision. Les Français, équipés à 97 % d'une TV, passeraient en moyenne 3 heures 28 par jour devant le petit écran qui ne l'est plus tant que ça ! La majorité des TV vendues aujourd'hui sont de grands écrans plats et les modèles à tube cathodique ont quasiment disparu : la technologie LCD aurait dû permettre des économies d'énergie puisque ces appareils, à taille d'écran égale, consomment jusqu'à trois fois moins que les « cathodiques ». Mais de moins en moins chers, ils sont aussi de plus en plus grands, ce qui aboutit à l'augmentation des consommations électriques et non à la diminution escomptée. Les écrans plasma consomment quant à eux deux voire trois fois plus qu'un téléviseur standard cathodique de même dimension. Sans oublier la consommation en veille, même si la plupart des constructeurs ont fait évoluer leurs appareils. Des perspectives de révolution technologique se profilent et devraient pousser les clients au remplacement de leur matériel : ainsi, la prochaine génération de téléviseurs sera fondée sur les LED (Light Emitting Diod). Avantages de cette technologie déjà éprouvée dans les écrans d'ordinateurs portables : l'extrême finesse des écrans, une qualité d'image supérieure et une moindre consommation d'énergie. Pour l'heure, ils restent deux fois plus chers que les écrans LCD classiques et 25 % plus chers que les écrans à plasma.

Corollaire de la consommation croissante de smartphones et autres tablettes numériques, l'explosion de la fréquentation d'Internet engendre des impacts qui n'ont rien de virtuel : les « data centers » ou fermes informatiques, qui stockent les données en ligne et leurs systèmes de sauvegarde, dégagent énormément de chaleur et nécessitent de puissants systèmes de refroidissement. Ces data centers, qui tournent vingt-quatre heures sur vingt-quatre, doivent être de plus en plus puissants pour héberger les vidéos et autres contenus multimédias omniprésents sur le Web. Un serveur est un peu comme un robinet qui resterait ouvert et coulerait à flots toute la journée : tout cela consomme logiquement de plus en plus d'énergie et émet de plus en plus de CO_2. En 2007, le poids total des technologies de l'information et de la communication (TIC) était estimé à 2 % des émissions mondiales de CO_2, soit autant que l'aviation[42]. Greenpeace ne s'y trompe pas, elle qui s'en est pris dès 2010 à Facebook, Google, Apple ou Twitter[43] : l'ONG environnementale a mis en cause l'utilisation d'énergie fossile (à base de charbon) par ces entreprises américaines de l'Internet pour alimenter leurs nombreux data centers et veut les pousser à opter pour des sources d'énergie renouvelables afin de limiter leur impact sur le climat. À ce jour, seul Apple a vraiment changé ses pratiques et s'est fixé pour objectif de faire fonctionner 100 % de ses data centers et de ses bureaux avec de l'énergie renouvelable (en 2010, ce chiffre était de 35 % et de 94 % en 2014[44]). Ces données n'incluent pas la production, le transport et encore moins l'utilisation de ses produits qui représentent ensemble 98 % de son empreinte carbone. Malgré tout, Apple est passé en trois ans de la dernière à la première place du classement de l'industrie établi par Greenpeace, devant Google (à 34 % d'énergies renouvelables) et Facebook (qui annonce 25 % fin 2015), tandis que Twitter et Amazon ferment la marche.

Autre impact bien réel : les déchets de la téléphonie mobile se multiplient de façon galopante. Le stock de téléphones mobiles obsolètes représentait 500 millions d'unités en 2005[45] et, selon ABI Search, 720 millions de téléphones portables seraient désormais jetés chaque année (soit 60 % des 1,2 milliard d'unités vendues dans le même temps)[46], tandis que le taux de récupération des téléphones en fin de vie pour reconditionnement, recyclage ou retraitement correct était estimé à 8 % en 2009[47].

Parmi les composants des téléphones, on retrouve des substances dangereuses telles que les retardateurs de flamme bromés, présents dans les circuits imprimés, les câbles et les boîtiers en plastique, le cadmium dans les écrans et les batteries, le mercure dans les batteries, le plomb dans le verre des écrans, le PVC ou les phtalates dans les plastiques, etc. Certaines de ces substances sont toxiques lors de l'incinération, d'autres sont directement nocives pour l'environnement et la santé humaine (par exemple le baryum, le plomb et le phosphore des moniteurs, ou les retardateurs de flamme bromés, perturbateurs endocriniens avérés).

L'utilisation de ces substances pose un problème au cours de la production. 85 % de la production mondiale d'ordinateurs est confiée à des sous-traitants majoritairement asiatiques, chaque pays ayant sa spécialité : en Thaïlande, les disques durs, aux Philippines, les circuits imprimés et, dans la région de Canton, les cartes, les prises, les câbles... Dans ces pays, la manipulation sans précaution des produits toxiques n'est qu'un aspect de conditions d'emploi et de travail peu reluisantes. Mais ces substances toxiques posent aussi un problème en aval, car si les produits en fin de vie ne sont pas traités conformément aux conventions internationales, ils affectent l'environnement, ainsi que les personnes qui démontent ou cassent du matériel électronique. Or de nombreux pays occidentaux renvoient leurs déchets électroniques dans les pays pauvres, notamment asiatiques, où ils sont retraités sans précautions, et parfois par des enfants. Greenpeace a lancé en 2006 une campagne pour une high-tech responsable qui classe les grandes marques internationales d'ordinateurs, de téléviseurs ou de téléphones portables en fonction de leur politique proactive d'élimination des produits toxiques mais aussi de leurs initiatives de récupération et de recyclage des appareils en fin de vie.

Certes, des réglementations et taxes ont été mises en place depuis les années 2000 pour gérer les déchets d'équipements électriques et électroniques, et limiter l'utilisation des substances dangereuses (RoHS et DEEE en Europe, en Californie, China RoHS en Chine). Mais la situation reste très préoccupante du fait de la multiplication de ces appareils et de leur obsolescence accélérée. Les déchets électroniques et électriques représentaient déjà 50 millions de tonnes par an en 2006, et les chiffres augmentent très vite, de 3 à 5 % par an, soit trois fois plus que pour la moyenne des autres déchets[48], de sorte qu'ils devraient dépasser les 65 millions de tonnes en 2017 (soit une augmentation de 33 % en cinq ans)[49]. Les pays développés qui sont désormais contraints de collecter les équipements usagés en vue de leur valorisation ne sont pas équipés pour faire face à l'abandon massif de téléviseurs, ordinateurs et autres téléphones mobiles rapidement obsolètes : ne serait-ce qu'en France, on jette en moyenne chaque année 14 kilos de déchets électriques et électroniques par habitant dont 90 % n'étaient toujours pas recyclés en 2008[50]. Par conséquent, ces pays cherchent à recycler leurs déchets dans les pays où la règlementation environnementale est moins regardante : le flux transfrontalier de déchets électroniques et électriques est passé de 2 à 8,5 millions de tonnes entre les seules années 1993 et 2001[51]. Et comme ce matériel électronique est riche en matériaux valorisables tels le plomb, le cadmium, le béryllium, le platine ou l'or, un véritable trafic s'est organisé : le matériel est exporté de façon légale ou illégale en Chine, en Inde ou au Ghana où se sont créés de véritables dépotoirs électroniques. L'industrie du tri y étant quasiment inexistante, le recyclage des déchets s'effectue sans aucune précaution par le biais d'organisations informelles, de sorte que l'air, l'eau et le sol sont pollués pour des dizaines d'années et la santé des habitants gravement mise en danger. Dans les années 1990 et 2000, cette gestion catastrophique des déchets toxiques a donné lieu à des scandales environnementaux et humains dénoncés par les ONG dans des rapports tous plus accablants les uns que les autres[52]. À la suite de quoi, différentes législations ont tenté de réglementer le devenir de ces déchets et certains pays, comme la Chine, ont même formellement interdit l'importation de déchets électroniques. Pour autant, l'activité n'a pas diminué, et de nombreux villages sont des décharges de déchets électroniques, comme l'illustre le sinistre exemple de Guiyu, dans la province de Guangdong : cette décharge de déchets d'équipements électriques et électroniques, la plus grande sur terre, s'étend sur 52 km^2. Les tendances s'accélérant, l'explosion prévisible de la quantité de déchets électroniques sur la décennie 2010-2020 inquiète à juste titre les pays émergents, en particulier l'Inde, le Brésil, le Mexique et surtout la Chine, qui sont eux-mêmes en train de devenir producteurs de déchets : la Chine est le second producteur de déchets électroniques après les États-Unis (avec respectivement 7,3 et 9,4 millions de tonnes produites en 2012)[53] pendant que le Brésil produit déjà 1,4 million de tonnes de déchets par an, soit environ 7 kilos par personne[54]. Dans ces pays, l'incinération ou le traitement sommaire de grandes quantités de déchets électroniques et électriques (2,3 millions de tonnes par an, rien qu'en Chine) par le secteur de l'économie informelle entraîne déjà une pollution grave et diffuse. Or les déchets d'ordinateurs devraient augmenter de 200 à 400 % d'ici à 2020 en Afrique du Sud et en Chine, et de 500 % en Inde. Du côté de la téléphonie mobile, les quantités de déchets devraient être multipliées par sept sur la période 2007-2020 en Chine, et par dix-huit en Inde. *Idem* pour le taux des téléviseurs en fin de vie qui devrait doubler dans ces deux pays, ou pour le nombre des réfrigérateurs à traiter qui devrait tripler en Inde pour la même période.

• *Les voies d'avenir*

L'électronique grand public au service de l'écologie et de la lutte contre les inégalités ?

Pour beaucoup d'entre nous, renoncer à la technologie est devenu tout simplement impossible : dans la nouvelle économie de la connaissance, ne parle-t-on pas de « fossé numérique » pour désigner l'écart entre les branchés à l'Internet et ceux qui ne le sont pas ? Dès l'école primaire, dans nos pays développés, un enfant a besoin d'un accès à un ordinateur pour faire certains devoirs, et de manière croissante, l'Internet permet aussi à des étudiants des pays du Sud de suivre en ligne, parfois gratuitement, les cours des meilleures universités des pays du Nord. Tous les jours, l'usage d'Internet et du courrier électronique facilite la vie des usagers en leur permettant de régler des problèmes administratifs, de payer leurs factures, de déclarer leurs revenus… mais aussi de s'informer comme jamais auparavant dans l'histoire de l'humanité, de connaître et de faire valoir leurs droits. Des connaissances de base en bureautique sont nécessaires dans presque tous les domaines professionnels, pendant que la dématérialisation des relevés de compte bancaire, des factures, des règlements bancaires permet de faire des économies de papier, de gagner de la place dans nos archives. La possibilité de gérer certaines formalités ou de faire des achats à distance est aussi un bon moyen d'éviter des déplacements et du même coup d'épargner la planète. La tendance semble irréversible, d'autant que la technologie a aussi sa place dans les solutions écologiques anti-crise. Des rapports, produits certes par l'industrie elle-même[55], ont mis en évidence la contribution significative des TIC dans la transition vers une société bas-carbone : si, en 2020, les TIC devaient représenter 2,8 % des émissions globales de CO_2, elles pourraient aussi permettre à d'autres industries d'économiser quelque 15 % des émissions globales, créant au passage 15 millions d'emplois verts dans l'énergie, les bâtiments, le transport et le commerce…

Le cas du livre électronique

Quand l'offre de livres électroniques a explosé en 2010, l'ONG écologiste Les Amis de la Terre s'est fortement opposée à l'idée selon laquelle, parce qu'elles n'utilisent pas de papier, ces tablettes électroniques ne contribueraient pas à la déforestation et assureraient une dématérialisation des échanges[56] : « Pas de papier, certes, mais des minerais rares dont l'extraction détruit aussi des forêts. » Et l'ONG d'insister : « Les produits technologiques nécessitent l'extraction de minerais précieux comme le coltan, le lithium ou les terres rares pour accroître la durée de vie des batteries, augmenter leur rapidité ou pousser la miniaturisation à l'extrême. Or l'exploitation minière est une cause majeure de déforestation, et plus généralement de destruction des écosystèmes. » Les Amis de la Terre soulignaient notamment qu'en République démocratique du Congo, l'extraction du coltan, utilisé dans la fabrication des condensateurs, alimente les conflits armés et entraîne une déforestation importante. L'ONG réfutait aussi l'idée que le livre électronique consommerait peu d'énergie et serait donc écologique. C'est sans compter sur l'effet rebond : avec la généralisation de ces produits, le secteur pèsera globalement plus sur la demande en électricité, malgré la faible consommation individuelle. En outre, la fabrication de ces objets est un gouffre énergétique : il faudrait une quinzaine d'années d'utilisation pour amortir le bilan carbone d'un livre électronique. De plus, comme les téléphones ou les ordinateurs, « ces produits sont conçus pour être jetés au bout de quelques années, voire de quelques mois, pour justifier l'achat d'un nouveau produit toujours plus performant. Par exemple, la batterie de l'iPad n'est pas détachable : si l'alimentation électrique tombe en panne, le produit est bon pour la poubelle[57] ».

Mettre fin à l'obsolescence programmée

Symboles parfaits de la société de surconsommation, les achats d'équipements électroniques ont été multipliés par six en France entre 1990 et 2007, alors que les dépenses de réparation ont chuté de 40 %. Seuls 44 % des appareils tombant en panne seraient désormais réparés, et le nombre d'entreprises de réparation a chuté de 22 % entre 2006 et 2009[58]. De là à imaginer que certains industriels programment la durée de vie de leurs produits, il n'y a qu'un pas : c'est notamment la thèse troublante de l'excellent film *Prêt à jeter*[59] qui rappelle que le concept d'obsolescence programmée a été mis en place dans les années 1920 pour accroître la demande des consommateurs alors que les ingénieurs, jusque-là, travaillaient à développer des produits inusables avant qu'on prenne conscience qu'« un produit qui ne s'use pas est une tragédie pour les affaires ». Dans les années 1920 d'ailleurs, raconte le film, un cartel réunissant Philips, Osram et General Electric s'était fait épingler aux États-Unis pour avoir limité, par un accord secret, la durée de vie des ampoules à incandescence à mille heures, contre deux mille cinq cents auparavant… et alors même que certains avaient inventé des ampoules ultra-résistantes (le film cite la célèbre ampoule centenaire de la caserne de pompiers de Livermore aux États-Unis mais aussi l'ampoule de marque Narva dont la durée de vie était de 150 000 heures). Dans les années 1940, au sortir de la guerre, on soupçonna les fabricants de bas nylon d'entailler la maille des collants pour qu'ils filent plus facilement... Aujourd'hui, l'obsolescence programmée est toujours tabou, en particulier dans l'industrie électronique. C'est d'ailleurs le point de départ de *Prêt à jeter* : il y a quelques années, Epson avait intégré une puce dans certaines de ses imprimantes pour limiter le nombre d'impressions à 18 000 pages, jusqu'à ce que les utilisateurs finissent par découvrir le pot aux roses. Apple aussi s'est fait piéger : la durée de vie des batteries des premiers iPod était limitée à dix-huit mois, et le constructeur ne proposait pas de batterie de rechange. Il aura fallu un recours collectif en justice de nombreux consommateurs lésés pour faire plier la marque. Mais Apple a trouvé d'autres parades : par exemple, ne plus assurer la maintenance de ses produits après sept ans, ce qui contraint de fait les consommateurs à remplacer ces produits devenus irréparables, faute de support technique et de pièces de rechange.

En outre, l'obsolescence technique s'est doublée d'une « obsolescence psychologique et symbolique », explique le sociologue Serge Latouche[60] : le produit est rendu obsolète par les effets de mode et la publicité qui accélèrent la quête du produit « dernier cri ».

Paradoxalement, l'obsolescence programmée a aussi des effets collatéraux positifs, en faisant évoluer le rapport à l'objet et la notion de propriété : renouvelé fréquemment, ce dernier est moins sacralisé et plus utilitaire, il passe désormais après la fonction qu'il remplit. Si l'on ne s'en sert plus, on n'a plus de scrupules à le revendre.

Le recyclage

Les TIC sont les emblèmes du développement de nos sociétés. Elles sont en effet devenues l'enjeu d'une certaine égalité sociale, contre la fameuse « fracture numérique ». Elles permettent en outre de limiter l'impact de nombreux secteurs polluants (les systèmes de motorisation, l'énergie, la construction, les transports, etc.). Si on prend en compte l'effet rebond et leur impact global, les avancées écologiques des TIC ne sont cependant pas aussi positives qu'annoncé[61] — certains considèrent même que l'impact global est négatif[62] —, mais l'évidence est là : ce marché va continuer de croître. Sa croissance sera peut-être moins rapide que celle que nous connaissons actuellement grâce à une moindre obsolescence des produits et à une approche raisonnée de leur présence dans notre quotidien (un enfant ne devrait pas avoir besoin d'un téléphone portable, un ordinateur ne devrait pas rester allumé vingt-quatre heures sur vingt-quatre, un adolescent pourrait ne pas changer de portable tous les dix mois et un adulte tous les dix-huit mois, etc.[63]). Il n'en reste pas moins que demain, nous fabriquerons encore plus de smartphones, d'ordinateurs et de tablettes : il va donc falloir trouver le moyen de les recycler.

La plupart des opérateurs des pays occidentaux se sont lancés dans la récupération des téléphones mais aussi, plus intéressant, dans la vente de téléphones mobiles de seconde main, reconditionnés et vendus avec une garantie plus courte, comme le fait Orange depuis 2009. D'autres initiatives de collecte existent, comme Foneback, une entreprise d'origine britannique implantée dans une dizaine de pays européens, qui met en place des points de collecte chez les opérateurs et les distributeurs. Les téléphones récupérés sont destinés à la population de pays émergents. Toutefois, le taux de récupération ou de reconditionnement des téléphones reste très insuffisant : en Europe, à peine 12 % des téléphones finissent dans les centres de recyclage (avec un objectif de 65 % en 2016), et 20 % sont revendus sur le marché de l'occasion, mais 40 % demeurent chez les consommateurs, pendant un temps souvent long, gênant l'organisation de la récupération et du recyclage des ressources qu'ils contiennent[64].

C'est aujourd'hui un problème pour cette industrie, car ce que l'on appelle désormais les « terres rares » (un groupe de dix-sept métaux stratégiques pour les produits électroniques) est certes plutôt abondant dans toute l'écorce terrestre, mais difficile à extraire et à raffiner. La Chine contrôle désormais 95 % de la production[65] : leur extraction est en effet gourmande en main-d'œuvre, coûteuse, et conduit à l'accumulation de sous-produits toxiques, notamment radioactifs, incompatibles avec les législations occidentales. C'est pourquoi de nombreux pays, dont les États-Unis, ont peu à peu abandonné l'extraction de ces métaux tandis que la Chine a profité de son quasi-monopole pour imposer des quotas d'exportation qui mettent à mal les besoins des industries occidentales. Pendant que Pékin entretient la pénurie pour faire monter les cours, quelques pays ont relancé l'exploration et ont rouvert d'anciennes mines, jadis non rentables, notamment celle de Mountain Pass, en Californie, qui fournissait encore en 1984 le tiers du volume mondial de terres rares. Mais elles mettront des années à être opérationnelles. D'autres projets voient le jour au Kirghizistan, en Australie, en Afrique du Sud, au Canada ou au Groenland. En attendant, toutes les solutions sont étudiées pour réduire la « dépendance minérale » des industriels vis-à-vis des terres rares importées de Chine. Les entreprises japonaises comme Hitachi ou Toyota travaillent ainsi sur des projets de moteurs électriques ou hybrides qui se passent de terres rares. Et, surtout, les entreprises commencent à se pencher sur le recyclage pour réduire leur dépendance… avant de se heurter aux limites de la planète. Aujourd'hui, 80 % de la production mondiale d'indium finit dans les écrans LCD, plus de 80 % de celle de ruthénium est utilisée pour les disques durs et 50 % de celle d'antimoine sert à produire les retardateurs de flamme bromés. Certains de ces métaux précieux sont également très importants pour les énergies renouvelables : le sélénium, le tellurium et l'indium sont utilisés pour réaliser de fines membranes photovoltaïques, tandis que le platine et le ruthénium sont de leur côté nécessaires pour les piles à combustibles. D'après les experts, les produits électroniques en fin de vie représentent de véritables « mines urbaines » aujourd'hui inexploitées. En Europe[66], avec un taux de collecte des téléphones mobiles plafonnant autour de 15 % et une tendance accrue à la compacité, pratiquement aucun des composants n'est ainsi réutilisé ou re-manufacturé, tandis que le marché de l'occasion, bien qu'en rapide expansion, représente à peine 6 % du marché primaire. Au total, les 160 millions de téléphones jetés et non collectés représenteraient une perte matérielle estimée à 500 millions de dollars par an. Au niveau planétaire, les produits électroniques en fin de vie pourraient rapporter chaque année 16 milliards de dollars. Si on parvenait ne serait-ce qu'à extraire l'or et l'argent dont seuls 15 % des quantités présentes dans les déchets électroniques sont aujourd'hui récupérées[67], on récolterait 5 milliards de dollars. Selon certains, la piste serait d'autant plus intéressante que ces déchets sont quarante à cinquante fois plus riches que les minerais directement extraits du sol. D'autres restent sceptiques et avancent que, contrairement aux idées reçues, les fabricants utilisent de moins en moins de métaux précieux : dans une carte mère d'ordinateur, on ne trouve plus que 100 à 150 grammes d'or par tonne, contre 300 à 400 dans les années 2000. Dans tous les cas, le recyclage et la récupération de ces minerais restent un défi, puisqu'ils sont disséminés dans les produits électroniques dont la miniaturisation croissante n'arrange rien et dont la conception n'intègre pas, pour l'instant, le fait de les rendre plus facilement démontables et récupérables.

Vers un marché plus circulaire

Confrontés au manque de terres rares et à l'augmentation du prix des matières premières, les fabricants vont devoir changer d'approche en vue de modifier les pratiques qui conduisent à l'accumulation vaine de ces minéraux dans les montagnes de déchets électroniques.

Des incitations économiques ou réglementaires pourraient pousser les fabricants à ralentir le rythme des renouvellements, à modifier les contrats qui, dans la plupart des cas, n'invitent pas les clients à rapporter leur téléphone, à proposer des services de réparation plutôt que le remplacement pur et simple des appareils, à garantir et sécuriser le marché du téléphone d'occasion, à allonger la durée de garantie sur les produits[68], à publier des manuels de réparation et à vendre les pièces de rechange, ou encore à standardiser les composants réutilisables entre les modèles et les marques pour que leur démantèlement et leur réemploi soient facilités (10 ou 12 éléments d'un téléphone mobile standard peuvent être facilement réemployés dans la fabrication de nouveaux appareils ou encore pour les services après-vente). Dans cet esprit, signalons par exemple l'engagement pris par l'Union européenne, début 2014, d'imposer d'ici à trois ans le chargeur universel pour téléphones portables, GPS et tablettes afin de simplifier la vie du citoyen mais aussi de réduire les coûts à l'achat et de diminuer le volume des déchets.

Selon certaines estimations[69], les fabricants pourraient même sortir gagnants de cette transition vers un marché plus circulaire, car les gisements d'économies y seraient colossaux : par exemple, dans un scénario de transition où 50 % des appareils seraient collectés, les économies sur les coûts matériels de production pourraient représenter 30 % du total des coûts matériels de production du secteur et 16 % du total des coûts de production d'énergie du secteur. Dans un scénario avancé avec 95 % de collecte et une égale répartition entre la réutilisation et le reconditionnement, ces économies seraient multipliées par deux pour les matières et par trois pour l'énergie.

Un scénario qui semble aujourd'hui loin de la réalité mais qui pourrait devenir incontournable, dans les années à venir, avec l'épuisement des ressources…

L'alimentation

Prise entre surconsommation et sous-consommation, notre alimentation est déboussolée. Une partie de la planète mange trop, et l'autre meurt de faim. L'obésité est désormais considérée comme une épidémie, et 1,7 milliard de personnes dans le monde sont en surpoids, États-Unis, Grande-Bretagne mais aussi Mexique et Argentine en tête avec plus de 60 % de leurs populations concernées (la France est un peu en-deçà avec tout de même 40 % de ses habitants en surpoids, dont plus de 11 % d'obèses). Aux États-Unis, l'obésité et les maladies qui y sont liées tuent autant que le tabac, tout cela alors que 13 % de la population mondiale souffre de sous-alimentation et qu'en 2050, il faudra nourrir 3 milliards de bouches supplémentaires.

Paradoxalement, produire plus conduit les agriculteurs à gagner moins : les pays en développement sont touchés par la famine alors que leurs agriculteurs produisent en priorité pour l'exportation — sur des marchés où les cours s'effondrent — plutôt que pour leurs propres besoins. Les ingrédients du repas moyen d'un Européen parcourent souvent plusieurs milliers de kilomètres avant d'atterrir dans son assiette (un steak de bœuf argentin, servi avec des haricots verts du Kenya et des cœurs d'artichaut égyptiens…) alors que bon nombre de nos agriculteurs sont payés pour détruire une partie de leurs récoltes.

La production étant de plus en plus industrialisée (environ 80 % de ce que mangent les humains est désormais issu de l'industrie agroalimentaire), il faut aujourd'hui en moyenne 10 à 15 calories-pétrole pour produire une calorie alimentaire contre 2,3 seulement dans les années 1940.

Dans un contexte où l'alimentation et les boissons ont la plus forte empreinte écologique du panier de la ménagère, trois fois plus que les vêtements ou l'habitat, et sept fois plus que la santé, les transports ou les moyens de communication[70], le gaspillage alimentaire est encore plus scandaleux.

D'après les chiffres de l'ADEME, chaque Français jetterait chaque année 20 kilos de nourriture encore consommable, dont 7 kilos de produits encore emballés. Un gaspillage qui coûte près de 400 euros par ménage et par an[71]. Selon les estimations de l'Union européenne, un tiers de la nourriture produite en Europe est jeté sans être consommé. Il en va de même dans le monde où 30 % de la production, soit 1,6 milliard de tonnes de produits alimentaires, jeté chaque année[72]. Au total, l'empreinte carbone de la nourriture produite mais jamais consommée est estimée à 3,3 milliards de tonnes de CO_2, ce qui représente à peu près la moitié des émissions de gaz à effet de serre des États-Unis ou de la Chine. Selon la FAO, cela revient à dire que le gaspillage alimentaire occuperait le troisième rang mondial des pays les plus émetteurs de gaz à effet de serre, devant la Russie ou l'Inde !

À titre d'exemple, la quantité de pain inutilisée et vouée à la destruction chaque jour dans la seule ville de Vienne pourrait nourrir Graz, la deuxième ville d'Autriche. En Angleterre, le gaspillage alimentaire domestique représente environ 7,2 millions de tonnes chaque année, dont la plupart des produits auraient pu être consommés pour un coût total de 15 milliards d'euros[73], ce qui représente plus que l'aide internationale annuelle accordée par l'Angleterre[74] et 70 % de ce qui serait nécessaire, selon la FAO, pour résoudre le problème de la famine dans le monde[75]. Aussi scandaleux qu'incontrôlable, ce phénomène se retrouve dans la plupart des pays développés. Selon une étude menée à Bruxelles, le gaspillage alimentaire représente 12 % du poids de la poubelle des ménages, composé à 48 % de produits à peine entamés (pain, pâtisseries, biscuits, fruits et légumes), à 27 % de produits périmés (fruits et légumes, viande, produits laitiers et plats cuisinés), et à 25 % de restes cuisinés. Ces déchets représentent 15 kilos de nourriture par personne et par an, soit 15 000 tonnes pour l'ensemble de la région bruxelloise, ou encore trois repas quotidiens pour 30 000 personnes sur toute une année.

Le gaspillage commence chez les agriculteurs, contraints de satisfaire l'industrie agroalimentaire et les distributeurs qui demandent des produits normalisés. Une étude menée en 1994 sur le volume des déchets issus de l'industrie agroalimentaire l'estimait à 43 millions de tonnes. Un chiffre auquel il fallait ajouter les invendus, dont les quantités difficiles à déterminer étaient estimées à 400 tonnes par an pour une surface de vente de 10 000 m^2 (sachant que la surface moyenne d'un hypermarché Carrefour est un peu inférieure à 8 500 m^2).

Le circuit de l'alimentation industrielle est devenu si long et si complexe que nous avons perdu toute notion sur l'origine, l'histoire, les impacts et souvent la façon d'utiliser des produits que nous mangeons. « Manger industriel, c'est manger dans l'ignorance, sans conscience », rappelle le journaliste et auteur américain Michael Pollan. Nous avons perdu de vue la valeur de l'alimentation et ce qui en fait tout le prix : les aliments sont devenus une simple commodité, ce qui les rend plus faciles à jeter pour les générations actuelles que pour les précédentes qui conservaient, accommodaient et cuisinaient les restes.

Aujourd'hui, les Français consacrent seulement 14 % de leur budget à l'alimentation contre plus du tiers en 1960. Résultat de l'industrialisation et de la massification de l'alimentation (les grandes surfaces pourvoient désormais aux deux tiers des achats alimentaires), les prix des denrées ont baissé. Nous nous sommes habitués à dépenser moins pour nos aliments, oubliant que dans le même temps, leurs valeurs nutritionnelle, gustative et écologique baissaient elles aussi. Des aliments à bas prix, que nous n'hésitons plus à jeter.

- *Les voies d'avenir*

Informer sur le vrai prix des aliments

En réalité, les prix alimentaires auxquels nous nous sommes habitués sont artificiellement bas. L'alimentation devrait coûter plus cher, *a fortiori* si elle est plus saine et naturelle, voire biologique. Les prix ne sont bas qu'en raison des subventions et du caractère insuffisamment contraignant de la réglementation qui ne tient pas compte du coût de la pollution de l'air ou de l'eau, de l'appauvrissement de la biodiversité, et moins encore des désastres sanitaires causés par l'agriculture chimique et l'alimentation industrielle. L'ensemble de ces coûts est supporté par les États : l'agriculture industrielle ne parvient à proposer des prix bas que parce qu'elle est soutenue à hauteur de 400 milliards de dollars (les paysans français dépendent pour 37 % de leurs revenus des subventions européennes contre 15 % à la fin des années 1980).

Selon Lylian Le Goff, le prix de nos aliments issus de l'agriculture conventionnelle serait multiplié par deux, voire trois ou quatre, s'il reflétait leur coût global pour la santé des hommes et pour la planète. Ironie de l'histoire, les dépenses de santé des ménages français sont passées de 6 à 13 % tandis que les dépenses alimentaires baissaient dans les mêmes proportions.

Sensibiliser au gaspillage

Selon une enquête menée en Belgique, en 2003, trois personnes sur quatre n'avaient pas conscience de gaspiller de façon importante. Et selon une étude américaine[76], 60 % des consommateurs ne se soucient pas de ce qu'ils laissent dans leur assiette au restaurant ou à la cantine.

Ce n'est que récemment que les pouvoirs publics ont commencé à sensibiliser les citoyens au gaspillage alimentaire, notamment en Europe. Peu à peu, sous l'effet de ces campagnes dont la pionnière « Love Food Hate Waste » lancée en 2007 en Angleterre, les mentalités évoluent, entraînant doucement les pratiques. Dorénavant, pour 54 % des Français, réduire le gaspillage alimentaire est une action très importante à faire quotidiennement. Un grand nombre d'entre eux estime d'ailleurs avoir déjà un comportement adéquat vis-à-vis du gaspillage alimentaire : 94 % disent vérifier à l'achat les dates limite de consommation et veiller à respecter la chaîne du froid, 89 % congèlent les restes, 87 % les cuisinent, 86 % utilisent des boîtes hermétiques, 75 % sensibilisent leur famille au phénomène. Des progrès restent à accomplir : alors que 78 % des consommateurs savent que la date de péremption est informative et qu'il est possible de consommer les produits au-delà, 55 % des Français les jettent quand même[77].

Dans les supermarchés ou les restaurants, les initiatives se multiplient, avec souvent de bons résultats dont on peut s'inspirer. Le réseau de professionnels de la restauration canadien Halfsies a eu une idée assez simple : proposer plusieurs tailles de portions alimentaires. Les clients choisissant la demi-portion payent le même prix que pour la portion complète, mais 25 % du prix du plat est reversé sous forme de don en faveur de la lutte contre la famine, une façon intelligente de lier lutte contre la surconsommation alimentaire et malnutrition. Dans le même esprit, l'initiative Satisfeito, au Brésil, regroupe des restaurants qui proposent une version « *satisfeito* » de leurs plats : la portion est tout simplement réduite d'un tiers pour le même prix qu'une portion standard, et l'argent économisé par le restaurant est directement reversé à des organisations luttant contre la malnutrition des enfants. La première année de l'initiative, lancée en avril 2013, plus de 37 000 repas ont ainsi pu être distribués par le réseau d'organisations brésiliennes, argentines et américaines participant à l'opération.

D'autres initiatives s'attachent à redonner de la valeur à l'alimentation : le restaurant Wafu à Sydney propose une remise de 30 % aux clients qui finissent leur assiette ou qui viennent avec de quoi emporter leurs restes. Le restaurant Fujiyama de Louviers (Eure) propose des formules « à volonté », mais alourdit de 5 euros l'addition des clients qui ne terminent pas leur plat. À Tokyo, le restaurant Hachikyo impose une règle bien particulière à ses clients : s'ils ne finissent pas leur assiette, ils devront payer une taxe qui n'ira pas dans la poche du restaurateur mais sera reversée à la communauté de pêcheurs qui fournissent le poisson. « L'amende » reste cependant raisonnable : 10 yens (8 centimes d'euro) par morceau de poisson gâché.

Outre-Manche, les enseignes anglaises de distribution, encouragées par la stratégie alimentaire nationale et la ministre de l'Environnement, s'engagent elles aussi. Tesco a par exemple expérimenté dès 2010 une alternative aux classiques promotions du type « un produit acheté, un produit offert » en proposant « un produit acheté, un produit offert... plus tard », et une autre chaîne anglaise, Morrisons, a proposé l'an dernier une campagne « un produit acheté, un produit offert... à congeler », dans le but affiché d'inciter ses clients à mieux planifier leur consommation.

Changer l'étiquetage

L'une des principales causes du gaspillage est l'obsession irrationnelle que provoque chez certains la date de péremption des produits. Il est vrai que le consommateur ne fait souvent que suivre les indications sur l'emballage, bien qu'il ne soit pas toujours simple de s'y retrouver entre les mentions « À consommer de préférence avant... », « Date limite de vente... » ou encore « Date de péremption... ». Pour être sûr de ne prendre aucun risque, le consommateur jette. En Suisse, royaume du risque zéro, où les durées de conservation sur les emballages sont plus courtes de près d'un tiers qu'en France ou en Allemagne, environ 45 % des produits achetés en magasin finissent dans la poubelle.

Au cœur du problème : la confusion qui règne autour des DLC (dates limite de consommation) et des DLUO (dates limite d'utilisation optimale).

Les DLC s'appliquent uniquement aux produits frais. La loi interdit formellement de laisser ces produits dans les rayons quand la date est dépassée, sous peine de sanctions financières sévères. Or « il y a clairement des abus dans la fixation de ces fameuses DLC. Elles sont souvent trop courtes[78] ». La preuve : les DLC concernant certains produits frais (fromage, charcuterie, jambon, lardons, etc.) varient selon qu'ils sont vendus en métropole ou dans les DOM, avec des écarts surprenants pouvant aller d'une vingtaine de jours (pour les petits suisses ou la mozzarella) à quatre-vingt huit jours (pour le beurre) et même cent quarante jours (pour l'emmental râpé)[79]. Ces écarts multiplient par deux, trois ou même quatre le délai recommandé. Or aucun problème sanitaire n'a jamais été détecté outre-mer. Une loi sur l'uniformisation des dates limite de consommation pour un même produit sur tout le territoire a d'ailleurs été votée en mai 2013, mais son application tarde…

Les DLUO sont, elles, apposées sur les produits secs, pâtes, riz, gâteaux secs, etc. Les études montrent que ces produits peuvent être consommés après cette date, sans aucun danger pour la santé. Seuls leur goût et leur texture peuvent s'altérer avec le temps. D'ailleurs, des magasins de déstockage alimentaire ont poussé un peu partout en France ces dernières années, et vendent 50 à 70 % moins chers des stocks de produits dont la DLUO est dépassée et que la grande distribution ne veut plus mettre en rayon, car les consommateurs ne font pas la différence entre DLC et DLUO. Rien d'étonnant à ce que la France, comme l'Angleterre, envisagent purement et simplement la suppression des DLUO[80].

Consciente du problème du gaspillage alimentaire, la grande distribution tente d'innover : certains fruits et légumes qui ne pouvaient pas être commercialisés à cause de leur aspect peuvent désormais être vendus au détail avec une étiquette spécifique et à des prix intéressants. « Une nouvelle ère commence pour les concombres courbes et les carottes noueuses », a déclaré non sans humour Mariann Fischer Boel, membre de la commission chargée de l'agriculture et du développement rural. En pratique, ces nouvelles habitudes tardent à se mettre en place, mais Intermarché a testé dans certains de ses magasins en 2014 une opération « Pour votre santé, mangez cinq fruits et légumes moches par jour », mettant en vente pendant deux jours des fruits et légumes « moches », dits de catégorie 2, à un prix 30 % inférieur.

Mettre en place des collectes

D'autres travaillent aussi à utiliser judicieusement les produits alimentaires jetés quand le gaspillage n'a pu être évité. Ainsi, l'enseigne de restauration rapide et saine Cojean a mis en place une collecte dans ses vingt restaurants récupérant, en début d'après-midi les invendus (soupes et sandwiches) pour les redistribuer aux sans-abris avec le soutien de deux associations parisiennes, La Chorba et l'Armée du Salut. Dans le même esprit, depuis 2013, le centre hospitalier du Mans s'occupe de redistribuer des repas en surplus, à destination de personnes nécessiteuses. Au total, 4,2 tonnes de nourriture (l'équivalent de 7 000 repas sur 1,3 million préparés chaque année) fournissent désormais un nouveau restaurant social, dans le centre-ville, en partenariat avec les bénévoles de l'Ordre de Malte et l'association Tarmac.

Favoriser la rétro-innovation

Dernier exemple, mettant à l'honneur la rétro-innovation (trouver une solution à un problème contemporain dans une pratique ancestrale) : la commune de Pincé, dans la Sarthe, a remis en 2013 un couple d'éco-poules (*sic*) à trente et une familles sur les quatre-vingt-sept que compte la commune. Le principe est simple : les déchets alimentaires sont donnés aux poules (un couple de poules peut avaler 300 kilos de déchets organiques et pondre

400 œufs par an). Réduction des déchets, diminution des charges communales, production d'œufs frais à domicile, action pédagogique, renforcement du lien social entre voisins qui partagent un poulailler : un projet simple qui semble gagnant sur tous les points.

Autant d'exemples qui montrent que les solutions existent, à condition qu'elles soient diffusées.

La viande

Les Français sont de gros mangeurs de viande : 2 à 3 % seulement de la population française se déclare végétarienne (contre 9 % en Grande-Bretagne et 8 % en Allemagne). Autrefois aliment réservé aux grandes occasions et aux familles aisées, on mange désormais de la viande presque tous les jours, et sa consommation a plus que doublé depuis cinquante ans : dans une vie, le carnivore européen moyen aura mangé 760 poulets, 20 porcs, 29 moutons et 5 bœufs. En quarante ans, la consommation est passée, en Europe, de 56 à 89 kilos par personne et par an, de 57 à 146 kilos au Danemark (premier pays consommateur au monde), de 89 à 125 kilos aux États-Unis, mais également de 4 à 52 kilos en Chine, de 28 à 82 kilos au Brésil[81]. L'Inde résiste encore au mouvement (passant de 4 à 5 kilos seulement), du fait d'une forte proportion de végétariens, mais dans les pays qui s'enrichissent (Chine, Brésil), de plus en plus de personnes consomment de la viande, cela même si la viande ne fait pas partie de leurs habitudes alimentaires traditionnelles qui, pour fournir les protéines essentielles dont le corps a besoin, associaient généralement céréales et légumineuses (voir par exemple les plats à base de riz et lentilles en Inde, maïs ou riz et haricots rouges en Amérique latine, couscous et pois chiches au Maghreb, ou riz et soja en Chine). Les pays du Sud ne sont qu'à 31,5 kilos en moyenne par personne et par an, mais ce chiffre augmente rapidement avec l'accroissement de la population, l'urbanisation et l'amélioration du revenu moyen. Dans de nombreux pays occidentaux, on a tendance à lier cette augmentation de la consommation de viande au développement des « fast-foods ». Quant à des pays comme la Chine, où la consommation de poulets et de porcs double tous les dix ans, manger de la viande tous les jours est un signe extérieur de richesse calqué sur le modèle occidental, une façon de montrer sa réussite sociale.

Résultat : entre 1950 et 2000, la population mondiale a plus que doublé tandis que la production de viande a été multipliée par cinq. D'ici à 2050, alors que la population de la planète aura en principe augmenté de 50 %, la production de viande aura encore été multipliée par deux[82]. D'ores et déjà, il y a près de trois fois plus de poulets que d'humains, et quelque 20 milliards d'animaux sur la planète, principalement issus d'élevages industriels en batterie. Ils fournissent 74 % de la volaille, 50 % du porc, 43 % du bœuf et 68 % des œufs consommés dans le monde. Les pays industrialisés assurent aujourd'hui l'essentiel de cette production mais l'Asie, l'Amérique latine et les Caraïbes ont des taux de croissance bien supérieurs, avec des élevages industriels de grande taille proches des villes très densément peuplées. La Chine est ainsi devenue le premier producteur et consommateur de viande (la moitié des porcs y sont consommés), et l'Inde est le cinquième producteur de poulet et d'œufs, et le premier producteur de lait.

Pour faire face à cette demande, la production de viande a connu de profondes évolutions : aujourd'hui, 90 % des veaux produits en France proviennent d'élevages industriels. Partout dans le monde, les petites exploitations familiales ont disparu au profit d'élevages spécialisés et intensifs, entre les mains de quelques grands groupes industriels ; les races ont été sélectionnées et améliorées (au détriment des races domestiques locales) ; le nombre de bêtes par exploitation a augmenté ; la nourriture est produite industriellement avec de nombreux additifs (hormones de croissance, anxiolytiques, etc.). Cette évolution a permis d'augmenter significativement les rendements, mais a eu pour conséquence d'aggraver les impacts environnementaux et sanitaires.

La première conséquence négative de cette consommation de viande est son impact sur la santé dès lors que l'on dépasse les quantités recommandées de 75 à 100 grammes par jour. Certes riche en protéines, la viande constitue une source équilibrée d'acides aminés essentiels et fournit des oligoéléments indispensables (comme le fer), mais elle contient aussi des graisses saturées et du cholestérol. Combinée à d'autres facteurs comme le manque d'exercice physique, sa consommation excessive est l'une des causes du développement des maladies cardio-vasculaires (première cause de mortalité en France) mais aussi de l'obésité, du diabète et de certains cancers. Ces conséquences sur la santé sont d'ores et déjà sensibles dans les pays en développement : des projections montrent qu'entre 2000 et 2040, le nombre d'accidents cardio-vasculaires aura augmenté de près de 250 % au Brésil, de plus de 200 % en Chine.

Deuxième impact : l'environnement. L'élevage intensif utilise directement et indirectement de l'énergie fossile (produits chimiques, carburants, électricité et chauffage des locaux...), et produit lui-même des gaz à effet de serre (CO_2 mais aussi hémioxyde d'azote émanant du fumier, avec un impact sur le climat 296 fois plus élevé que le CO_2 ou le méthane, produit par le système digestif des ruminants, qui a un impact 23 fois plus élevé que le CO_2). En 2006, la production de viande représentait dans le monde 9 % du total des émissions de CO_2 et 18 % des gaz à effet de serre, soit plus que le secteur des transports. La production de 1 kilo de bœuf, indépendamment de sa conservation, de son transport et des traitements ultérieurs, engendre pour sa part l'émission de 4 kilos d'équivalent carbone. Ceci conduit

Jean-Marc Jancovici, expert de la question du changement climatique, à dire que « supprimer deux steaks par semaine (soit 300 grammes) induit, à la fin de l'année, environ 50 kilos d'économies en équivalent carbone. Un raisonnement valable pour tout ce qui dérive du bœuf : le veau (plus de 10 kilos d'équivalent carbone par kilo), le lait et les laitages, le beurre, les glaces, etc. ».

Autre point noir : l'élevage occupe désormais les trois quarts des terres agricoles mondiales. Dans les pays du Sud, ces terres sont prises sur les forêts, ce qui dégrade les sols, contribue à l'érosion et amoindrit la capacité de séquestration du CO_2. L'élevage industriel est aussi très gourmand en eau (il faut entre 20 000 et 100 000 litres d'eau selon l'organisation Water Footprint pour produire 1 kilo de bœuf) et grand producteur de déchets, notamment les déjections animales qui polluent les sols, l'air et l'eau.

Troisième impact : la faim dans le monde. L'essor de l'élevage industriel est le pire moyen pour nourrir la planète. Il faut produire en effet beaucoup de végétaux pour nourrir des animaux qui mangent plus de nourriture qu'ils n'en produisent : un bœuf produit douze fois moins de repas que les céréales qu'il a consommées. Aujourd'hui, 90 % du soja cultivé dans le monde sert à nourrir des animaux d'élevage, et il faut 10 kilos de céréales pour produire 1 kilo de viande bovine, 5 kilos pour produire 1 kilo de viande de porc et 2 kilos pour produire 1 kilo de viande de poulet, selon la FAO. On arrive au paradoxe où les céréales sont utilisées pour nourrir des animaux plutôt que les hommes. La seule façon de réduire la faim dans le monde est de promouvoir les régimes végétariens.

Selon une étude de 2001, réduire de moitié la consommation de viande dans les pays développés permettrait de sauver 3,6 millions d'enfants de la malnutrition à l'horizon 2020[83].

Quatrième impact : les souffrances que l'élevage industriel inflige aux animaux. L'élevage industriel impose des conditions de vie déplorables aux animaux (jusqu'à 100 000 volatiles dans le même « poulailler »), dans un espace vital réduit où ils peuvent à peine bouger et se coucher (en Europe, plus de 80 % des poules élevées pour leurs œufs sont détenues dans des cages en batterie, avec un espace vital ne dépassant pas la surface d'une feuille de format A4[84]). Conséquence : pour prévenir les comportements agressifs qu'entraîne cette trop grande promiscuité, les animaux doivent être mutilés : on coupe les becs des poulets et les queues ou les dents des porcs. Parce que les poules ne peuvent pas avoir des os assez solides faute d'exercice physique, elles souffrent d'ostéoporose, une pathologie qui évolue en paralysie occasionnant souffrances, amaigrissement et lente agonie. C'est la cause de 30 à 35 % des décès survenant en cages de batterie. Une étude de l'université de Bristol en Grande-Bretagne a révélé que 24 % des poules élevées en batterie subissent des fractures quand on les charge dans les camions[85]. Et le sort des autres animaux de batterie, comme les cochons, n'est évidemment pas meilleur.

Cela pose des questions éthiques, auxquelles s'ajoutent des dangers sanitaires aujourd'hui mieux connus. On sait depuis l'épidémie de grippe aviaire que les animaux élevés dans la promiscuité transmettent plus facilement des maladies, qui circulent d'un continent à l'autre et peuvent contaminer l'homme, phénomène que l'industrialisation et la mondialisation du marché de la viande contribuent à accélérer.

- *Les voies d'avenir*

En 2001, la Banque mondiale a modifié sa politique de financement des élevages industriels dans les pays en développement, en raison du coût environnemental trop élevé de ces élevages. Petit à petit, l'Union européenne et l'Organisation internationale pour la santé animale adoptent des règles nouvelles pour l'élevage, le transport et l'abattage des animaux dans de meilleures conditions. Pendant que les leaders du secteur, de McDonald's à Carrefour, s'engagent progressivement à adopter des pratiques plus responsables quant au bien-être animal, la nourriture ou l'origine, certains vont plus loin et prônent la nécessité de réduire notre consommation, pour notre santé et celle de la planète.

Du côté des leaders d'opinion, Joël Robuchon, emboîtant le pas de chefs cuisiniers tel Alain Passard qui militent pour remettre les légumes au cœur des plats, affirme qu'il repart à zéro pour apprendre la cuisine végétarienne en ouvrant un nouveau restaurant à Bombay. De même, Paul McCartney, notoirement végétarien, s'est distingué en lançant, dès 2008, une campagne pour les « Lundis sans viande » (*Meat Free Mondays*). Il est aussi intervenu très officiellement au Parlement européen aux côtés de Rajendra Pachauri (président du GIEC, prix Nobel de la paix 2007), pour prôner une réduction de la consommation de viande avec l'instauration d'une journée sans viande par semaine. Message entendu par des entreprises comme la société de restauration française Sodexo qui a lancé aux États-Unis, sur les campus et dans les restaurants d'entreprise, le « Meatless Monday ».

Côté pouvoirs publics, les choses commencent aussi à bouger : depuis 2009, la ville de Gand est végétarienne un jour par semaine. En Allemagne, l'agence fédérale en charge de l'environnement a pris position en 2009 pour demander très officiellement aux citoyens, au nom de l'écologie, de repenser la place de la viande dans leur alimentation afin de revenir au niveau de consommation d'avant-guerre, en s'inspirant du régime des pays méditerranéens. Les hôpitaux britanniques ont également annoncé en 2009 leur intention de développer les menus sans viande. Des études[86] mettent aussi en exergue l'exemple vertueux de la Pologne où, dans les années 1990, les maladies cardio-vasculaires ont baissé du fait du remplacement progressif des graisses animales par les graisses végétales (la consommation de viande par habitant est passée de 75 à 70 kilos entre 1990 et 2000).

Ces décisions confortent les déclarations de certaines associations spécialisées comme Compassion in World Farming affirmant que diminuer de moitié notre consommation de viande serait à la fois bon pour la santé et plus efficace pour le climat que de réduire de moitié notre utilisation de transports polluants.

Enfin, la crise est passée par là. En dépit de l'augmentation des volumes de viande dans le monde, la consommation par personne a baissé ces dernières années. Quelques scandales alimentaires et sanitaires mettant en évidence des problèmes de traçabilité, un prix élevé pour le consommateur, une industrie gourmande en énergie… et peut-être un début de prise de conscience des enjeux environnementaux, éthiques et sanitaires poussant au végétarisme : la viande fait en tout cas de moins en moins d'adeptes.

Chapitre 4

Vers une consommation heureuse : comment accélérer le mouvement ?

Il y a trop de mauvaises nouvelles pour justifier la complaisance. Mais il y a aussi trop de bonnes nouvelles pour justifier le désespoir.

DONELLA H. MEADOWS

Ceux qui font les révolutions à moitié n'ont fait que se creuser un tombeau.

SAINT-JUST

- *Changer de paradigme*

Notre culture consumériste fait de la consommation la voie privilégiée d'accès au bonheur, le mode prioritaire de participation à la société, et un symbole de réussite. Ce modèle n'est plus soutenable. Comment peut-on s'orienter vers une consommation plus durable ?

Premièrement, nous devrons, à titre individuel, privilégier une consommation de biens et services plus respectueuse des hommes et de la planète, économe en ressources, moins polluante, davantage tournée vers le progrès social, incitant à la récupération, au recyclage, et encore plus dématérialisée (location, partage, échange, etc.).

Deuxièmement, nous devrons revoir les finalités mêmes de notre consommation : ne plus la considérer comme le seul et unique moyen d'atteindre le bonheur (car c'est un leurre), ne pas en faire le sésame des relations sociales (car c'est également un leurre), mais lui donner comme objectif de satisfaire nos besoins actuels et ceux des générations suivantes.

Troisièmement, et cela découlera mécaniquement des deux premiers grâce au temps et aux ressources libérées, la société toute entière devra favoriser l'émergence de nouveaux modes de vie proposant un autre équilibre entre échanges marchands et non marchands (liens familiaux et sociaux, art, sport, vie associative). « Moins de biens, plus de liens », selon la belle et juste formule des tenants de la simplicité volontaire.

Seuls ces trois changements pourront faire émerger une nouvelle consommation qui ne sera pas une « dé-consommation » mais bien une nouvelle écologie domestique porteuse d'une meilleure qualité de vie pour chacun, quel que soit son niveau de revenu. Une utopie ? Non, car les consommateurs sont prêts.

- *Les consommateurs sont prêts*

Dans la plupart des pays développés — comme sans doute dans une partie des pays en développement qui « sautent » des étapes par lesquelles nous sommes passés —, nous sommes très proches d'un point de basculement dans les habitudes de consommation. Une partie importante des consommateurs a déjà changé de logique et cherche à dépenser moins ou mieux, en augmentant l'efficacité de l'utilisation des ressources et en diminuant l'impact sur l'environnement. La crise a probablement accéléré le phénomène mais, sur certains aspects, il l'a précédée.

Le tri, par exemple, est en progression régulière depuis plusieurs années. En 2011[1], 82 % des Français déclarent trier leurs déchets pour le recyclage (contre 66 % des Européens). Dans le détail, 71 % le font systématiquement pour les piles, contre 30 % en 1998 ; 69 % pour le papier, contre 37 % ; 76 % pour le verre, contre 65 %. Résultat : après avoir doublé entre le début des années 1960 et 2002 (passant d'environ 175 kilos par habitant à 359 kilos), la production de déchets par habitant est en baisse en 2011, avec 290 kilos.

Mieux encore : d'autres modes de consommation qui sortent de la logique du « toujours plus » se développent. Ainsi, la consommation collaborative augmente et, avec elle, la propension à donner une deuxième vie aux objets en les entretenant, en les faisant réparer, en les offrant ou en les prêtant au lieu de les jeter. Selon une étude récente[2], 54 % des Français font désormais réparer leurs appareils électroménagers, hi-fi et vidéo, plutôt que d'en acheter de nouveaux ; 88 % d'entre eux ont déjà fait un don de vêtements ou de chaussures à une association ;

75 % ont acheté des produits d'occasion en 2012, contre 59 % en 2004 ; et 25 % ont déjà eu recours au covoiturage, dont 10 % en 2013. De plus en plus, comme on l'a vu sur certains marchés emblématiques, l'usage se substitue à la propriété, la fonction à l'objet.

Preuve que ces nouvelles habitudes s'enracinent : les sites assurant des échanges horizontaux « de particulier à particulier » connaissent de tels succès qu'ils bouleversent « l'ancienne économie ». Il y a bien sûr le géant eBay et Leboncoin (devenu, en France, le site le plus fréquenté après Facebook), mais aussi Zilok, BuzzCar, e-loue, Videdressing, La Ruche qui dit Oui !, BlaBlaCar, Airbnb ou CouchSurfing.

Enfin, certains modes de vie ont déjà basculé vers une plus grande sobriété. Après avoir augmenté régulièrement depuis les années 1950, la consommation d'eau des particuliers a légèrement baissé depuis 2003 (-3 %, alors que dans le même temps la population progressait de 7 %)[3]. 81 % des ménages cherchent à diminuer la consommation d'énergie dans leur logement, à travers des « petits gestes » : éteindre davantage les lumières, utiliser des ampoules à économie d'énergie ou baisser le chauffage dans les pièces inoccupées[4].

Autre signe de ce basculement : la mode du « do it yourself », à la fois écologique et économique, est une alternative à la société d'ultra-consommation.

On assiste ainsi à l'explosion du chiffre d'affaires des magasins de bricolage, multiplié par deux en dix ans. Le bricolage est désormais le premier poste de dépenses de loisirs des ménages, avec 786 euros par an, et le jardinage le cinquième, avec 272 euros, devant la micro-informatique. On constate également la mode des potagers (souvent bios), y compris sur les terrasses ou les balcons, le développement de l'élevage de poules chez les particuliers, ou encore l'engouement pour la cuisine, y compris chez les plus jeunes. Même la fabrication de produits nettoyants faits maison se développent : ils ne reviennent qu'à quelques dizaines de centimes d'euro le litre et permettent, précise l'association Consommation logement cadre de vie (CLCV), de « maîtriser la composition de vos produits et de préserver la planète de ces phosphates que l'on trouve communément dans les produits d'entretien industriels et qui contribuent à l'asphyxie des eaux ».

La volonté de recréer du lien social, de contourner les systèmes marchands conventionnels, de soutenir l'économie locale ou de faire un geste pour la planète fait aussi partie des motivations de ces « consom'acteurs ». Les sceptiques soutiendront qu'ils cherchent surtout à maintenir leur pouvoir d'achat (et leur niveau de consommation matérielle) en période de crise. C'est en partie vrai, surtout pour les jeunes de 18 à 29 ans dont les revenus sont en moyenne plus faibles que ceux de leurs parents au même âge, alors que le niveau moyen des diplômes a nettement augmenté. Les contraintes économiques les ont conduits à se restreindre sur les postes de base comme l'alimentation et l'habillement mais leur désir de consommation, plus important que celui des générations précédentes, les amène à développer « des comportements stratèges » assez classiques de l'hyperconsommation (soldes, promotions, offres low-cost...) mais aussi de nouvelles formes de consommation alternative ou collaborative (covoiturage, autopartage, occasions, réparations, locations, achats groupés, etc.). Faut-il donc s'attendre à ce qu'une amélioration générale du pouvoir d'achat remette en cause ces comportements nouveaux ? Sans doute pas. Comme l'affirme la coordinatrice d'une étude récente sur le sujet[5] : « Une fois que l'on a pris l'habitude de faire des économies, il n'y a pas de raison pour que l'on gère moins bien son budget si la conjoncture s'améliore. » Ce que confirme l'étude en question : 73 % des Français estiment que la crise actuelle va « durablement affecter leur manière de consommer », dans un contexte où 53 % des Français désignent l'incitation à la surconsommation comme le principal problème posé par les entreprises (contre 25 % des Européens, qui citent plutôt la corruption ou la réduction des emplois[6]). En outre, comme me le confiait récemment François Lemarchand, le fondateur de Nature & Découvertes, « les jeunes ont pris l'habitude de ne plus consommer de manière classique — en achetant des produits dans des magasins ». Plutôt qu'un effet rebond — les économies réalisées augmentent la consommation dans un autre domaine —, on a donc tout lieu d'espérer un « effet cliquet » — le phénomène qui empêche le retour en arrière d'un processus une fois dépassé un certain stade.

Comment les États peuvent-ils accélérer le mouvement ?

Un optimiste est quelqu'un qui voit l'opportunité dans chaque difficulté. Un pessimiste, c'est le contraire.

WINSTON CHURCHILL

On l'a vu : la consommation est un acte individuel dont les ressorts sont essentiellement collectifs. Pour changer la consommation, on ne peut donc pas miser seulement sur le libre arbitre des consommateurs, il faut que la puissance publique accompagne et parfois même lance le mouvement.

On ne peut se contenter d'initier les consommateurs aux produits verts, il faut aussi aborder de front certaines questions centrales du consumérisme, parfois délicates : le rapport entre bonheur et matérialisme, le mode d'utilisation des produits, l'obsolescence programmée, les quantités consommées et l'effet rebond... Il s'agit de faire de la consommation un sujet politique en soi.

- *Faire de la consommation un enjeu pédagogique : de My Money Week à Jamie Oliver, les Anglais précurseurs*

Définir un autre rapport à la consommation passe par la pédagogie, de la maternelle à la formation professionnelle.

Dès qu'ils ont de l'argent de poche, il serait bon d'apprendre aux enfants la gestion budgétaire, sur le modèle de ce qui se faisait jadis en France avec des cours d'« économie domestique » (réservés aux jeunes filles). C'est ce que propose depuis 2008 aux écoles et aux collectivités locales britanniques le programme My Money Week[7] mené pendant toute une semaine chaque année par l'ONG spécialisée Personal Finance Education Group (PEFG). Cette initiative destinée à donner aux enfants les compétences de base nécessaires pour gérer un budget a rencontré un tel succès qu'une loi rendant l'éducation financière obligatoire dans le programme de chaque école anglaise a été votée en 2013 et est désormais applicable.

En s'inspirant du jeune chef anglais Jamie Oliver au Royaume-Uni et de Michelle Obama aux États-Unis, il serait important d'enseigner les bases de la cuisine et de la nutrition à l'école, en prenant pour support les repas à la cantine. Le but : faire prendre conscience aux enfants de l'importance de consommer des produits frais, locaux et de saison afin que chacun d'eux en sortant de l'école sache cuisiner « dix recettes qui peuvent leur sauver la vie », selon le mot de Jamie Oliver. En Angleterre, son émission télévisée « Jamie's School Dinners », diffusée début 2005, et la campagne « Feed Me Better » qui a suivi, dans laquelle il dénonçait les trop faibles budgets gouvernementaux consacrés aux repas scolaires, ont modifié le cours des choses. Le gouvernement de Tony Blair a dans la foulée décidé d'augmenter lesdits budgets et de créer The School Food Trust, un organisme d'État chargé d'aider les écoles du pays à améliorer la qualité des repas servis.

Enfin, il faudrait apprendre aux enfants à « deviner » l'histoire des produits qu'ils consomment, à identifier les composants ou ingrédients et leur provenance, à comprendre les enjeux sociaux ou environnementaux, à lire les étiquettes, à décoder les publicités et les stratégies commerciales. Quelques initiatives existent déjà dans ce sens. La région Nord Pas-de-Calais a par exemple créé en 1988 les « écoles des consommateurs » désormais présentes dans cinquante communes, et développé depuis quelques années un programme spécifique de formation à la consommation responsable à destination des collégiens. Mais ces initiatives restent discrètes, de sorte qu'un vaste champ d'innovation sociale s'ouvre à nous…

Cette approche pédagogique gagnera à être étendue à des cursus universitaires en rapport avec la consommation mais non spécialisés dans le développement durable, qu'il s'agisse des médecins qu'il faut sensibiliser à l'alimentation des bien-portants, des ingénieurs agronomes qu'il faut familiariser à l'impact sanitaire des aliments selon le mode de culture et de préparation, ou des architectes-décorateurs qu'on avertira de l'impact environnemental et sanitaire des matériaux employés.

- *Développer des campagnes ciblées : en direction des femmes enceintes aux États-Unis ou dans les « lieux de vie » en Europe*

Bien informer les consommateurs, cela veut dire ne plus s'adresser à un « consommateur moyen » indifférencié qui, en réalité, n'existe pas. Pour s'appuyer sur les comportements mimétiques et l'aspect social ou collectif de la consommation, il est important que les campagnes s'adressent de façon ciblée aux différentes catégories de consommateurs, en distinguant par exemple les ménages les plus aisés (qui mangent bio et équitable mais prennent souvent l'avion) et les plus défavorisés (sensibles à l'argument des économies ou de l'impact santé qui les concerne directement).

Dans le même esprit, les campagnes publiques gagneraient à sensibiliser les individus lorsqu'ils sont les mieux disposés à un changement de mode de vie. L'un de ces moments clés est celui de la grossesse, source de nouvelles responsabilités, de nouvelles dépenses et de remise en cause des habitudes de consommation. Les futurs parents sont plus sensibles aux mises en garde liées à la santé et donc plus susceptibles d'adopter des modes de consommation durables (l'arrivée d'un enfant est la première raison de conversion à l'alimentation biologique). Selon l'étude du cabinet EcoFocus, les « éco-mamans » représenteraient, aux États-Unis, 69 % des mères et une niche commerciale « verte » inexploitée[8]. Le temps de la grossesse, qui multiplie les contacts avec les services de santé, serait propice à la diffusion des incitations publiques à une consommation plus responsable. L'exemple danois est intéressant, puisque le ministère de l'Environnement a mis en place un site d'information spécifique et distribue depuis 2006 sur les lieux qui accueillent les femmes enceintes une brochure d'information sur le harcèlement chimique des nouveaux-nés[9]. Il existe d'autres moments où les contacts avec l'administration coïncident avec une réceptivité particulière à certains sujets : la préparation du permis de conduire (acquisition de réflexes d'écoconduite et information sur les économies de carburants), la rentrée scolaire (moment de consommation intense), la convalescence (occasion de sensibiliser le patient et son entourage aux gestes écologiques et à l'hygiène), ou encore les vacances (un temps « hors cadre » où les individus acceptent plus facilement de revoir leurs habitudes).

Une autre voie est celle de messages ciblant prioritairement les groupes sociaux et les lieux de vie collective : les associations culturelles et sportives, les comités d'entreprise, les associations de retraités, les comités confessionnels, les congrès, les festivals, les salons et autres événements collectifs permettront à chacun de découvrir les nouvelles pratiques de consommation responsable dans un cadre collectif, indépendamment de toute préoccupation pour l'écologie ou le développement durable. À l'intérieur de ces groupes, chacun pourra constater que le changement est pour soi à portée de main, bénéfique ou satisfaisant. Une telle stratégie suppose que les communautés visées soient en mesure d'informer leurs membres des succès obtenus ensemble, pour éviter le sentiment dit « d'insignifiance » des efforts. C'est ce que tentent de réaliser des programmes publics comme « Engage », campagne de mobilisation locale développée par une douzaine de villes européennes du collectif Energy-Cities depuis 2010, des initiatives récentes comme « We're in this together » au Royaume-Uni, « One tonne less » au Danemark[10], ou encore la stratégie « EcoTeam » de l'ONG Global Action Plan qui, aux Pays-Bas et en Angleterre, réunit régulièrement de petits groupes d'amis ou de voisins pour tenter d'améliorer les pratiques quotidiennes[11].

- *Mettre en place une fiscalité écologique et citoyenne : de la Green Card coréenne à la taxe carbone française*

Tout un champ d'incitations innovantes (ou « Nudges verts ») peut être défriché pour encourager les individus à adopter un mode de vie plus durable.

En Corée du Sud, le ministère de l'Environnement a par exemple mis en place, depuis 2011, un vaste programme d'éco-récompense baptisé « Green Card », qui donne des points transformables en argent quand on diminue chez soi sa consommation d'eau et d'énergie (électricité et gaz), mais aussi quand on choisit les transports en commun et les achats de produits écolabellisés[12]. Délivrée gratuitement sous la forme d'une carte de crédit, d'une carte de retrait ou tout simplement d'une carte de membre du programme, elle a déjà convaincu plus de 5 millions de Coréens. Ce succès s'explique par la forte implication de partenaires privés, dont de grandes institutions financières (BC Card, KB Kookmin Card et la Banque industrielle de Corée) et de grandes enseignes de distribution (E-mart, Lotte Mart et Homeplus), mais aussi par la mobilisation des autorités locales (le programme national « Green Card » est ouvert aux initiatives locales) et du pouvoir politique au plus haut niveau (l'ancien président Lee Myung-bak a été le titulaire de la première carte verte le 20 juillet 2011).

Pour promouvoir une économie de la qualité plutôt que de la quantité et réorienter les consommateurs vers des produits moins polluants, les outils ne manquent pas : fiscalité écologique (avec mécanisme de redistribution si nécessaire pour ne pas pénaliser les plus défavorisés), taux de TVA réduit pour les écoproduits (en fonction des écolabels officiels), allongement de la durée de garantie obligatoire pour les biens d'équipement, etc. Seule manque parfois la volonté politique.

À défaut de programmes aussi ambitieux que la « Green Card » coréenne, les gouvernements privilégient souvent des actions plus discrètes mais néanmoins essentielles, en jouant sur le signal-prix des produits.

Dans la théorie économique, le prix est censé transmettre une information complète sur ce que coûte le produit. Or, dans les faits, ce n'est pas le cas. Les produits les moins durables ont des conséquences (pollution, destruction de la biodiversité, changement climatique, impacts sanitaires ou sociaux) dont l'impact financier est déjà supporté par la collectivité (sous forme d'impôts) et le sera également demain par les générations futures, sans pour autant que ce coût soit répercuté dans le prix du produit. Des mesures peuvent et doivent donc être prises pour corriger ce dysfonctionnement.

La France en a donné un bon exemple avec la mise en place en 2008 d'un bonus-malus sur les voitures, en clair une taxation à l'achat des véhicules les plus polluants et une réduction du prix des véhicules moins émetteurs de CO_2.

Mais cela ne doit être qu'un aspect d'une politique globale visant à favoriser les biens et services durables, soit par des actions financières directes (taxation, bonus-malus, normalisation, subventions) ou indirectes (allongement de la durée de garantie fabricant).

• *Développer l'innovation responsable*

Il est important d'intégrer aux dispositifs d'encouragement et de soutien l'innovation responsable.

Les financements privés ne vont pas naturellement à ce qui est le plus utile pour la collectivité. Ainsi, des recherches sur l'impact de la consommation alimentaire sur le cancer trouvent plus difficilement des financements, car aucun brevet ne peut en découler[13]. Dans le secteur de la santé, la recherche sur la prévention est globalement moins financée que celle sur les technologies de soin.

Une politique publique en matière d'innovation peut corriger ce déséquilibre et promouvoir l'innovation « low tech », rarement brevetable, ayant peu de chances de bénéficier de financements, et pourtant essentielle pour élargir notre vision du progrès au-delà de l'approche technologique. L'innovation « low tech » consiste à réintroduire, en les modernisant, des pratiques vertueuses du passé. Il en va ainsi de la consigne (consigner le métal et le verre réduit l'impact environnemental de 50 % par rapport au recyclage[14]) ou de la réparation, mais aussi des innovations sociales, comme les Associations pour le maintien d'une agriculture paysanne (AMAP), l'habitat coopératif, les villes en transition (qui œuvrent pour une décarbonisation du mode de vie urbain et une relocalisation des échanges favorisée par des monnaies locales), les jardins partagés ou l'autopartage.

Plus de prévention, plus de « low tech » : la puissance publique doit jouer pleinement son rôle pour promouvoir l'innovation durable. Comment faire ?

En rendant la commande publique plus « responsable ». Rappelons qu'elle représente environ 15 % du PIB en France et 19 % en Europe. Elle est donc un formidable levier pour modifier un marché comme l'a illustré, il y a quelques années, le basculement général du marché scandinave de la lessive (grandes marques comprises) vers l'écolabel, suite à la généralisation de ce critère environnemental dans les achats publics. On sait combien le code des marchés publics français reste complexe et empêche parfois les administrations d'introduire des critères écoresponsables dans leurs achats. On peut cependant imaginer ce que changerait la généralisation de ces critères dans la restauration collective : interdiction des espèces de poissons menacées, relocalisation d'une partie des achats, généralisation des approvisionnements issus du commerce équitable sur les produits importés comme la banane, le sucre ou le riz, adoption des farines semi-complètes et des sucres non raffinés, institution d'un repas végétarien équilibré par semaine, suppression des produits industriels contenant de l'huile de palme, renoncement aux produits à emballages individuels, plan de lutte contre le gaspillage alimentaire…

- *Vers un rôle d'orientation et d'accompagnement du changement, en plus du rôle traditionnel de contrôle*

Enfin, et ce n'est pas le moindre changement à mettre en place, il est probable qu'une politique de consommation durable ou heureuse doive, pour atteindre ses objectifs, mêler l'approche descendante traditionnelle des gouvernements (réglementation, contrôle, information, incitation, etc.) à une approche plus ascendante (volontaire, participative, etc.). Cette approche qui consiste à être à l'écoute des initiatives novatrices et à soutenir des réseaux sociaux pionniers pouvant jouer un rôle d'entraînement a déjà fait ses preuves dans l'histoire : un modèle où cependant les États historiquement forts, comme la France, excellent rarement…

Les villes qui innovent

N'importe quelle ville peut être changée en moins de trois ans.

JAIME LERNER, ex-président de l'ordre international des architectes, maire à trois reprises de la ville de Curitiba au Brésil

Alors que près de la moitié de la population mondiale vit dans des villes qui concentrent 75 % des émissions de CO_2, le milieu urbain n'est pas tant le problème que la solution. La collectivité locale (ville, département ou région) serait-elle l'échelle pertinente pour agir ? Parmi les initiatives que les collectivités peuvent plus facilement encourager, expérimenter ou faire essaimer, on compte notamment les AMAP et autres circuits courts qui recréent un lien direct entre producteur et consommateur, mais aussi l'habitat collectif et participatif, l'autopartage, les écoquartiers, les approches du type « villes en transition », les démarches de « location d'un service » plutôt qu'achat d'un produit (qui supposent une plus grande proximité physique entre l'offre et la demande, ce qui donne un rôle particulier aux collectivités, comme l'illustre l'exemple de Vélib' ou d'Autolib'), etc. Ces initiatives sont d'autant plus intéressantes que le mimétisme est l'un des ressorts de la consommation : une initiative locale vertueuse portée par quelques-uns, à l'échelle d'un immeuble, d'un quartier, d'une ville, d'une agglomération, d'une association ou d'une école, a des chances de s'étendre rapidement à l'ensemble d'une communauté.

Partout dans le monde, les villes et les collectivités innovent, montrant qu'il est possible de changer les modes de vie et de consommation. Voici un aperçu de ces solutions qui ne demandent qu'à être reprises pour inspirer utilement les programmes politiques de nos élus[15].

- *Washington, New York, Chicago, Baltimore : les « Time Dollars »*

La vraie richesse d'une société, ce n'est pas l'argent mais les gens. Or l'économie de marché, fondée sur la rareté, dévalorise ce qui est universel, comme l'amour ou la solidarité. Dans certains cas, elle va même à l'encontre du progrès social, puisque le PIB augmente avec les marées noires ou la criminalité qui entraînent de l'activité économique. Pour encourager les échanges marchands mais non matériels entre les concitoyens, des collectivités créent des systèmes d'échanges locaux, alimentés par des « monnaies » parallèles qui rémunèrent le temps passé à des tâches essentielles à la cohésion sociale. Depuis 1980, le système des « Time Dollars » est ainsi utilisé par la ville de Washington pour rémunérer des jurys de jeunes délinquants qui « jugent » leurs pairs, et les condamnent à des travaux d'utilité collective tout en se familiarisant avec la loi. Ces « Time Dollars » leur servent ensuite à « acheter » des produits ou services utiles, comme de la nourriture ou un ordinateur.

À Baltimore, les habitants des logements sociaux peuvent payer une partie de leur loyer en « Time Dollars », gagnés en participant, par exemple, à des patrouilles de surveillance urbaine.

À Chicago, un millier d'étudiants en échec scolaire perçoivent des « Time Dollars » en servant de tuteurs à leurs cadets, un système qui améliore les résultats de tous ! Et à New York, dans le quartier de Brooklyn, une mutuelle propose des « Time Dollars » aux personnes âgées qui en aident d'autres, ce qui rend à tous l'autonomie et le goût de vivre.

- *Langenegg et Toulouse :*
  « billets talents » et « Sol-Violette »

Dans le même esprit, la petite ville de Langenegg (1 100 habitants), dans la région autrichienne du Vorarlberg, a inclus dans son programme pour le développement durable le soutien du commerce de proximité, à travers un système d'économie locale appelé « billets talents », résumé dans le slogan : « Vivre et acheter à Langenegg ! Utilisez vos Talents ». Les Talents d'une valeur de 5, 10, 50 ou 100 euros peuvent être acquis à la Raiffeisen Bank ou au bureau de poste : ils sont acceptés à l'épicerie, au salon de coiffure, à la fromagerie ou chez le menuisier (une réduction de 5 % sur les achats est même consentie la première année pour ceux qui ont pris un abonnement mensuel aux « billets talents »). Il est même possible de payer les loyers et les charges en « billets talents ». Cette monnaie interne à la collectivité n'est ensuite échangée en euros qu'à la banque locale, avec une taxe de 10 % reversée à un projet municipal. Avantage pour l'utilisateur : son pouvoir d'achat est supérieur s'il achète auprès des commerçants locaux et paye en Talents. Avantage pour la collectivité : les cycles économiques courts réduisent le transport motorisé, consolident la production locale et augmentent les contacts sociaux.

En France, la ville de Toulouse a mis en place en 2011 une initiative assez similaire : le « Sol-Violette », une monnaie alternative locale acceptée dans les cinémas d'art et essai, les magasins d'alimentation bio, les restaurants associatifs mais aussi les crèches et certains services de proximité.

- *Vancouver, Londres : la Green Gym*

La ville de Vancouver au Canada offre l'une des meilleures qualités de vie au monde grâce à l'attention particulière qu'elle apporte à ses concitoyens. En 2010, dans le cadre de la préparation des Jeux olympiques d'hiver, Vancouver s'est donné pour objectif d'augmenter de 20 % l'activité physique de ses habitants : des cours de sport étaient donnés gratuitement toute l'année dans les parcs de la ville, courses et marches étaient organisées au fil des mois pour tous les publics. En plus du sport, des campagnes de dépistage régulières et gratuites sont proposées (obésité, sida, comportements à risque, dépression...) depuis plusieurs années dans les écoles et les entreprises. Régulièrement, comme lors de la Journée de la Terre en avril, la commune organise des activités physiques liées à l'environnement : défrichage ou nettoyage de sites, plantation d'arbres, etc.

Cette dernière initiative canadienne n'est pas sans rappeler les « Green Gyms » britanniques. Ce mouvement, qui fait fureur à Londres, mobilise des bénévoles, avec le soutien du corps médical et des collectivités. Les participants sont engagés dans des activités de jardinage suffisamment physiques pour que cela représente un bel exercice sportif. Les trois heures de séance hebdomadaire commencent par des exercices d'échauffement, puis on ratisse, on plante, on transporte, on débroussaille et on taille, sans voir le temps passer jusqu'aux exercices finaux d'étirement et de relaxation. De 20 à 80 ans, rassemblés dans une centaine de groupes locaux, ils sont 10 000 à s'être laissés tenter depuis 1998. Outre le bénéfice du rapprochement avec la nature, la pratique régulière de la « Green Gym » jouerait un rôle dans le traitement des dépressions et de l'anxiété, sans compter le lien social recréé entre bêcheurs et défricheurs d'un jour. La Green Gym, totalement gratuite, ne nécessite pas de salles de sport luxueuses ni d'autre tenue que des vêtements simples et décontractés.

- *Londres, Boston, Seattle : les cartes communautaires*

Toujours à Londres, la carte « Wedge », créée en 2007, encourage les consommateurs à faire leurs achats dans de petites boutiques locales et indépendantes affiliées au programme, y compris dans les quartiers défavorisés, pour revitaliser l'économie locale et y créer des emplois.

De même, aux États-Unis, les cartes communautaires « Interra », testées à Boston et Seattle, reversent un pourcentage des achats réalisés dans les petits commerces à une association ou à une école locale (laissée au choix du client) ainsi qu'à l'association des commerçants. L'argent dépensé circule ainsi localement, renforçant le tissu économique et social de la collectivité.

- *San Francisco : compostage urbain et lutte contre l'obésité infantile*

À San Francisco, le maire Gavin Newsom, ayant promis la suppression des décharges à l'horizon 2020, a mis en place un programme ambitieux de compostage urbain, interdit les sacs en plastique dans les supermarchés ainsi que la consommation d'eau en bouteille ou bonbonne dans l'ensemble des services municipaux. La ville pousse ses concitoyens à ne plus consommer d'eau en bouteille, en échange de quoi elle leur offre une bouteille réutilisable, en métal. L'objectif est d'encourager la consommation d'eau du robinet et, ainsi, de faire des économies tout en luttant contre la consommation de ressources non renouvelables, les émissions de CO_2 (notamment liées au transport) et la production de déchets en plastique. Des arguments qui ont convaincu d'autres villes comme Seattle, Los Angeles, Salt Lake City, Chicago ou Santa Barbara d'engager des programmes ambitieux en matière de réduction des déchets. Encouragé par ces succès, Gavin Newsom a redoublé d'effort sur le sujet pour atteindre son objectif : il a lancé GreaseCycle, un programme gratuit de récupération des huiles de friture des deux mille six cents restaurants de la ville, qui seront recyclées en agrocarburant et utilisées pour les véhicules municipaux, y compris les bus et les camions de pompiers. Ce projet pourrait faire économiser à la ville 3,5 millions de dollars par an en traitement des déchets et nettoyage des canalisations d'eau encrassées par la graisse (la récupération devrait bientôt s'étendre aux huiles usagées des particuliers). La ville propose d'ailleurs depuis plusieurs années à ses habitants et aux cantines d'entreprises de recycler leurs déchets alimentaires pour en faire du compost, revendu aux vignerons locaux. Belle réussite, dans un contexte où les déchets alimentaires occupent un tiers de la poubelle des particuliers et où seulement 3 % des déchets organiques produits aux États-Unis sont actuellement recyclés. Autre exemple de la proactivité de San Francisco sur les questions de consommation responsable : elle est devenue, en 2010, la première ville américaine à adopter une loi interdisant aux restaurants d'offrir des jouets aux enfants pour des repas ne répondant pas aux critères nutritionnels fédéraux drastiques en matière de calories, sel, sucre et graisses.

- *Gand : la journée sans viande*

Depuis 2009, la ville belge de Gand (237 000 habitants) est végétarienne un jour par semaine : une première européenne, lancée avec l'association végétarienne flamande EVA, qui répond à un double objectif de santé et de protection du climat. Il est vrai qu'avant le lancement de la journée sans viande, la ville comptait déjà 13 % de restaurants végétariens, un taux bien supérieur à la moyenne belge. Mais avec l'initiative de la mairie, le mouvement s'est étendu : 93 % des moins de 12 ans mangent désormais végétarien le jeudi à la cantine, tandis qu'un cinquième des quatre cent quatre-vingt-quinze restaurateurs indépendants sont aujourd'hui partenaires de l'opération. Un succès dû à l'implication de la ville qui anime avec conviction un site internet qui propose des recettes végétariennes et la localisation des restaurants partenaires, des journées de formation à la cuisine végétarienne, un livre de recettes pour chaque saison, un guide pour les professionnels et, en projet, d'autres outils de sensibilisation plus ciblés (étudiants, populations défavorisées, etc.).

- *Marburg : les panneaux solaires obligatoires*

Le conseil municipal de cette petite ville d'Allemagne a décidé d'obliger, sous peine d'amende, ses habitants à s'équiper de panneaux solaires pour leurs maisons neuves mais aussi pour les maisons anciennes dont le système de chauffage ou d'isolation doit être remplacé. L'objectif : protéger les 80 000 habitants de l'explosion des prix de l'énergie[16].

- *Lyon : les « familles à énergie positive »*

Dans la Communauté Urbaine de Lyon, le concours « Familles à énergie positive », étendu à la région Rhône-Alpes, rencontre un vif succès en aidant des familles à relever le défi des économies d'énergie par des actions adaptées et mesurables qui doivent leur permettre d'atteindre l'objectif du Protocole de Kyoto de 8 % d'économies d'énergie par rapport à l'hiver précédent. En 2014, 1 583 familles ont participé à ce concours, et l'objectif fut largement dépassé, avec environ 18,3 % d'économies réalisées[17].

- *Tallinn, Colomiers, Compiègne : les pionniers du transport urbain gratuit*

La capitale de l'Estonie est, depuis 2013, la première capitale européenne à avoir instauré la gratuité des transports publics sur l'ensemble des lignes de bus et de tramway pour tous ses habitants (un peu plus de 400 000 personnes). Selon les promoteurs de cette mesure, les recettes de la vente de tickets ne couvraient qu'un tiers des frais de fonctionnement du réseau. Autre argument : limiter l'usage de la voiture en ville. Les citoyens domiciliés dans la capitale estonienne peuvent bénéficier de cette gratuité en versant la somme initiale de 2 euros contre une carte verte dite « intelligente » qu'ils peuvent ensuite personnaliser sur Internet ou dans un bureau de poste. Ceux qui ne résident pas à Tallinn peuvent toujours acheter leur billet ou bien se procurer la même carte « intelligente » et la recharger en ligne. Les transports en commun sont également gratuits pour toute personne de plus de 65 ans.

En France, une quinzaine de villes ont déjà opté pour cette approche iconoclaste mais efficace, parmi lesquelles Colomiers et Compiègne, pionnières dès les années 1970, mais aussi Aubagne où tout le monde, habitants et visiteurs, peut emprunter gratuitement les transports en commun de la communauté d'agglomération.

L'avantage de ces initiatives dont toutes les collectivités locales pourraient s'inspirer, c'est que l'échelle est collective, tout en restant à taille humaine. Selon Jaime Lerner, trois fois réélu à la mairie de Curitiba au Brésil : « Pour changer une ville, il suffit d'agir, de manière ambitieuse et rapide, sur quelques points précis qui lui donnent une énergie nouvelle. » C'est ce que cet architecte, qui a fait de sa ville un modèle de développement urbain écologique et solidaire au Brésil, appelle « l'acupuncture urbaine ». À Curitiba, l'accent a d'abord été mis sur les déchets, avec une grande campagne de tri sélectif, à laquelle même les plus pauvres ont participé *via* un programme « déchets contre nourriture » ; puis sur les transports, avec un réseau de bus privés, efficaces et peu chers, désormais utilisés par les trois quarts de la population grâce à des tickets transformables en billets de loterie.

Maintenant qu'en France existe un droit à l'expérimentation des collectivités inscrit dans la Constitution, celles-ci peuvent facilement développer des programmes de proximité, travailler sur le terrain pour adapter les mesures aux populations, et tester des dispositifs expérimentaux en faveur des modes de vie durables et de la consommation heureuse.

Les entreprises qui inventent la consommation de demain

L'entreprise est la force la plus puissante du monde moderne, car elle combine la créativité humaine et le pouvoir de l'argent. Cette force peut, et doit, s'atteler à résoudre les problèmes de notre temps, y compris les problèmes graves ou difficiles.

ANITA RODDICK

« Les modes de consommation actuels ne sont pas durables. Il est évident que les gains d'efficacité et les progrès technologiques seuls ne suffiront pas à inverser la tendance : le changement doit aussi provenir des modes de vie, y compris dans la façon dont les consommateurs choisissent et utilisent les produits ou services. » Curieusement, cette déclaration ne provient pas d'une ONG environnementale radicale... mais est signée du World Business Council for Sustainable Development (WBCSD) — Conseil mondial des affaires pour le développement durable, qui regroupe les plus puissantes entreprises au monde (Nokia, Procter & Gamble, Henkel, Adidas, Coca-Cola, Philips, Sony, etc.)[18]. Certes, le WBCSD semble faire peser sur les consommateurs la responsabilité de la transition, mais il n'en affirme pas moins que les entreprises « doivent jouer un rôle proactif dans la promotion de modes de vie et de niveaux de consommation plus durables, à travers leurs démarches d'innovation, de marketing ou de communication mais aussi en association avec les consommateurs, les gouvernements et leurs autres acteurs ».

Cela doit passer, pour les entreprises, par des approches plus audacieuses, qui seront autant d'opportunités.

• *L'innovation durable*

Les démarches de développement durable et l'innovation sont-elles compatibles ? Quelques grands groupes se sont engagés dans cette voie, comme

Nike ou Bouygues Construction, à contre-courant des approches conventionnelles qui se limitent à la philanthropie (attribuer une partie des profits à la résolution des problèmes sociaux sans modifier l'activité) ou aux politiques classiques de responsabilité sociale des entreprises (RSE[19]) consistant avant tout à minimiser les impacts négatifs de l'activité afin de prévenir les risques de crises, préserver la réputation de l'entreprise et lui permettre de développer son activité de manière « durable » sans la réformer en profondeur. Dans ces approches classiques, la stratégie « développement durable » reste distincte de la stratégie « business ». Les entreprises engagées dans cette logique se défendent d'ailleurs régulièrement de « faire du marketing avec le développement durable », ce qui est une façon implicite de reconnaître que le lien avec le business est inexistant, et que le sujet n'est pas vraiment pris au sérieux : leurs gammes « vertes » sont davantage développées pour des motifs de relations publiques qu'avec l'ambition de développer des ventes et de prendre des parts de marché... Généralement, ces gammes sont d'ailleurs peu soutenues par le marketing, comme l'illustre le cas des fonds éthiques dans les banques. Toutes les banques, ou presque, en proposent, mais elles « poussent » ces offres avec si peu d'entrain que près de la moitié des clients en ignorent jusqu'à l'existence[20]. En face de ces approches timorées, la révolution de ce que l'on pourrait appeler le « développement durable 2.0 », en place depuis la fin des années 2000, se caractérise par une transformation radicale de l'offre. L'idée est que les entreprises s'engagent dans une logique d'innovation durable pour proposer, à terme, non des produits responsables « en plus » des produits conventionnels mais bien « à la place » de ces produits.

General Electric ambitionnait ainsi en 2005 de doubler ses ventes de technologies vertes en cinq ans. En 2007, Philips s'était donné cinq ans pour que les produits verts représentent un tiers de son chiffre d'affaires. Comme pour General Electric, l'objectif fixé fut dépassé et, emmenés par cette dynamique proactive, les produits en question représentent désormais plus de la moitié des ventes du groupe. Marks & Spencer, Nike ou Starbucks affichent aujourd'hui des objectifs pour 100 % de leur offre. Marks & Spencer va plus loin : engagée dans le cadre du Plan A, visant depuis 2007 à transformer l'intégralité de son offre pour intégrer le développement durable à sa stratégie, l'enseigne met en avant la part des profits dégagées par ces produits responsables et les autres actions au titre du Plan A, soit 135 millions de livres sterling en 2013 (ce qui représente un quart des profits du groupe pour la même année).

En France, l'enseigne de jardinerie Botanic a décidé d'abandonner la vente des produits phytosanitaires au profit du jardinage biologique. Emery Jacquillat, fondateur en 1995 de Matelsom (un site de vente de literie par Internet) et repreneur de la Camif, a redressé avec succès l'entreprise autour d'une offre ciblée sur le « made in France », dans un marché du meuble pourtant dominé par les importations.

Les entreprises engagées dans cette nouvelle approche d'innovation durable veulent anticiper les attentes du marché, voire les révéler, rappelant le mot d'Henry Ford qu'affectionnait particulièrement Steve Jobs : « Si j'avais demandé à mes clients ce qu'ils voulaient, ils auraient répondu "un cheval plus rapide", et pas une voiture. » Ces entreprises savent qu'on a les clients que l'on mérite : si l'on parie que les clients ne sont pas prêts, ils ne le seront sans doute pas, mais le contraire est tout aussi vrai. Et les enjeux planétaires du développement durable sont suffisamment sérieux pour que, désormais, de plus en plus de consommateurs soient prêts à payer ceux qui seront capables d'apporter des solutions. C'est la conviction de Bob Shapiro, ex-PDG de Monsanto, une entreprise de biotechnologies qui a eu à affronter de telles controverses que cela a visiblement fait réfléchir son ancien dirigeant : « Nous vivons une période de changement décisif dans l'histoire économique et sociale, et cela crée des opportunités incroyables [...]. Le monde est désormais prêt à payer les entreprises qui seront capables de l'aider à survivre[21]. » Et ce que Bob Shapiro oublie de préciser, c'est que le monde est également prêt à sanctionner les activités qui menacent cette survie, comme l'a constaté à plusieurs reprises Monsanto, par exemple lors de l'introduction de produits issus d'organismes génétiquement modifiés.

Apporter des solutions aux problèmes planétaires de notre époque : telle est la mission de l'innovation durable, dont nous allons présenter quelques succès éclatants qui sont autant de preuves que le développement durable n'a pas pour vocation de donner des leçons de morale ou d'imposer des normes réglementaires.

Procter et Gamble : les lessives pour laver à froid

Procter & Gamble s'est engagé en 2007 à développer ses ventes de produits durables innovants en commercialisant des lessives pour laver à froid (aux États-Unis, 3 % du budget annuel d'électricité des ménages servent aux machines à laver). Avec des campagnes efficaces et des produits innovants, l'entreprise a réussi, en seulement six ans, à faire passer la proportion de ménages lavant leur linge à froid de 2 à 28 % en Angleterre, et de 5 à 52 % en Hollande.

Toyota : la Prius

Convaincu que le marché de l'automobile ne survivra pas sans être compatible avec les enjeux climatiques, le groupe japonais s'est engagé très tôt dans le développement de la technologie hybride (dont il possède quasiment tous les brevets), et l'a soutenue commercialement pendant plus d'une décennie jusqu'à ce que la flambée du prix du pétrole en 2008 lui donne raison : le groupe était cette année-là le seul à présenter au Salon de l'automobile, non pas un concept-car mais bel et bien une voiture. En quelques mois, la Prius dépassa le million d'exemplaires vendus, s'imposant comme une alternative crédible et devenant la meilleure vente de l'histoire sur le marché japonais. Pour convaincre les consommateurs hésitants des pays occidentaux, Toyota choisit d'investir massivement en communication et en lobbying. La marque a ainsi obtenu de la Californie qu'une personne seule conduisant une Prius puisse prendre la ligne de covoiturage — ce qui revenait à une approbation officielle des autorités. Elle a réussi à imposer le moteur hybride comme technologie futuriste, un critère d'achat classique dans l'automobile, et en mettant au volant de ses Prius des célébrités comme Leonardo DiCaprio ou Daryl Hannah, elle a prouvé qu'en termes de statut social, ce ne serait désormais plus la taille ou la puissance de la voiture qui serait déterminante. Ses concurrents ont d'abord reproché à Toyota d'avoir fait de la Prius un produit « vert » au cœur d'une gamme peu responsable. Mais la marque a utilisé le succès de la Prius pour faire monter en gamme, écologiquement parlant, l'ensemble de ses modèles. En 2008, Toyota était ainsi en tête d'une sélection établie en Angleterre par l'Environmental Transport Association grâce à la Yaris, petit modèle urbain économe. Figuraient aussi en troisième, sixième et neuvième positions la Prius, l'Aygo et l'Auris. En 2011, Toyota arrivait en tête du classement Green Global Brands qui évalue les grandes marques internationales selon la perception par les consommateurs de leur engagement écologique et de leur performance environnementale effective. En 2012, Toyota arrivait en tête d'une étude de l'Agence européenne pour l'environnement sur les constructeurs automobiles ayant atteint leurs objectifs de réduction des émissions de CO_2 (Toyota était même le seul constructeur à se rapprocher déjà de l'objectif fixé pour 2015).

Selon l'étude annuelle d'Interbrand[22], la valeur financière de Toyota a été quasiment multipliée par deux depuis le lancement américain de la Prius en 2001. Il est loin le temps où la Prius, lancée en 1997, n'était qu'un véhicule de niche pour écolos avant-gardistes. C'est désormais une voiture de masse, sur la troisième marche du podium mondial[23].

Botanic : des produits phytosanitaires au jardinage bio

Pour certaines entreprises, l'intégration entre stratégie business et stratégie développement durable suppose la capacité à réinventer leur modèle économique si celui-ci s'avère en contradiction avec les impératifs d'une consommation plus responsable. C'est ce qu'a fait Botanic, enseigne française et familiale de jardinerie qui compte une soixantaine de magasins. Sa démarche de développement durable l'a amenée à s'éloigner de la vente de produits phytosanitaires pour se consacrer au jardinage biologique, dans une transition (formalisée dans un « Pacte pour un nouveau mode de vie ») qui ne fut pas simple, compte tenu de la part importante que représentaient les produits phytosanitaires dans son chiffre d'affaires. Botanic est ainsi devenue la seule jardinerie française à ne plus vendre de pesticides chimiques depuis 2007, mais la cohérence a un coût : ce choix lui a fait perdre 2 millions d'euros de chiffre d'affaires en 2008, année de son virage stratégique. Elle peut néanmoins aujourd'hui se féliciter de ce choix puisque, dans la foulée du Grenelle de l'environnement qui visait dès 2007 une réduction de 50 % des quantités de produits phytosanitaires, le Parlement a voté fin 2013 l'interdiction totale, à compter du 1er janvier 2022, de la vente, de l'utilisation et de la détention de ces produits pour un usage non professionnel, avec sanction applicable en cas de non-respect de cette interdiction. À ce jour, Botanic est la seule enseigne qui soit prête pour l'application de cette réglementation : elle n'a en effet jamais été suivie par les enseignes concurrentes, dans un contexte où la part des produits phytosanitaires, terreaux et amendements représentait encore 10 % du chiffre d'affaires moyen d'une jardinerie en 2012[24].

Michelin : de la vente de pneus à celle d'un service

Un autre exemple intéressant est celui de Michelin qui, pour les professionnels, a remplacé la vente de pneus par la facturation des kilomètres parcourus, en proposant la gestion complète du parc de pneumatiques (qui comprend le remplacement mais aussi la réparation ou le rechapage des pneus). En 2001, Michelin a ainsi été le premier à se lancer dans un service client « clé en main » sur trois à six ans, destiné aux grandes flottes de poids lourds ou autobus (deux cents minimum) en Europe et en Amérique du Nord. Résultat : 290 000 véhicules sont en contrat en Europe, soit 50 % des grandes flottes européennes, et Michelin a augmenté son chiffre d'affaires en vendant moins de pneus, en prolongeant la durée de vie de ses produits, en assurant le recyclage des pneus en fin de vie, en réduisant sa consommation de matières premières, les quantités de déchets produits, et les consommations de carburant de ses clients grâce à l'innovation-produit et un meilleur suivi de l'usage.

Mobivia : de l'entretien automobile aux nouvelles mobilités

Souvent, cette réflexion sur le modèle économique s'accompagne utilement d'une redéfinition de la mission de la marque ou de la raison d'être de l'entreprise. L'exemple de Mobivia est éclairant : cette entreprise du Nord de la France, initialement spécialisée dans l'entretien automobile avec des enseignes comme Norauto ou Midas, s'est repositionnée en 2010 sur le développement des nouvelles mobilités, en prenant le nom de Mobivia, et en créant un fonds de développement pour soutenir les initiatives d'entrepreneurs en matière de mobilité durable.

- *L'avenir : vendre un service et plus seulement un produit*

Pour Philippe Moati[25], économiste au Crédoc, cette évolution d'un modèle économique orienté « produit » vers un modèle alternatif orienté « service » est l'une des dimensions clés de la révolution à mettre en œuvre dans les entreprises pour aller vers une consommation responsable. Aujourd'hui, explique-t-il, l'activité des entreprises consiste à tirer leur rentabilité de la production de marchandises, et elles considèrent les produits avant tout pour leur valeur d'échange, à savoir leur capacité à être échangés contre de la monnaie, en quantité supérieure à celle nécessaire pour la produire. Évidemment, les marchandises doivent être dotées d'une valeur d'usage qui les rend désirables par les consommateurs, mais ce n'est qu'un prétexte qui ouvre parfois sur des vices cachés, des publicités mensongères, etc. Ce qui intéresse l'entreprise, au fond, c'est l'acte de vente ou d'achat, de sorte que les marchés sont organisés autour de ce moment de la transaction, et non de la consommation ou de la valeur d'usage du produit. Un exemple de ce décalage : les fabricants affichent un prix de vente alors que, pour le consommateur, ce qui compte est le coût complet d'usage dont, hélas, personne ne lui parle. La consommation est ainsi réduite à l'achat, alors que le client, en réalité, s'intéresse avant tout à la valeur d'usage, à ce qui se passe quand il utilise le produit, après l'achat. Mais, bercé par les sirènes de l'offre, il achète aujourd'hui sans égard pour l'ensemble des coûts liés à l'usage de ce bien : coûts directs qu'il devra supporter en tant que consommateur (énergie, consommables, produits complémentaires), coûts indirects qu'il supportera en tant que citoyen (coûts d'élimination des déchets, coûts sociaux ou environnementaux de la production et de la consommation, etc.). Logiquement, sa satisfaction d'acheter se transforme souvent en déception d'usage.

Selon Moati, un enjeu majeur pour faire advenir une consommation durable est donc de réorienter l'activité des entreprises vers la production de ce que Moati appelle « effets utiles[26] » et de la valeur d'usage, plutôt que de la production de marchandises et de valeur d'échange. C'est l'avènement d'un modèle de consommation orienté sur la qualité et non plus sur la quantité. Une manière simple de négocier ce virage serait de contraindre les producteurs à garantir l'usage et les « effets utiles » de leurs produits sur une durée plus longue, dix ans au lieu d'un seul pour les biens de consommation durables, garantie qui pourrait être étendue aux biens semi-durables, tels que les vêtements et les chaussures[27]. Cela développerait des modèles économiques plus vertueux, le chiffre d'affaires de l'entreprise ne dépendant plus négativement de l'obsolescence accélérée de ses produits mais au contraire de sa capacité à proposer des produits plus fiables, à la durée de vie plus longue, conçus pour en faciliter la maintenance et moins ruineux pour elle en interventions de dépannage. Cela développerait aussi des modèles plus serviciels, orientés vers la mise à disposition, l'entretien et la réparation, avec à la clé des emplois nécessairement non délocalisables et une évolution probable vers des formules proches de la location et de l'économie de la fonctionnalité, où la vente de services se substitue à celle de biens. Le bouche à oreille, les tests-produits réalisés par les associations de consommateurs, les réseaux sociaux et les forums d'utilisateurs constituent un ensemble de mécanismes de partage de la connaissance sur les effets utiles et la valeur d'usage qui forcent déjà la transition dans ce sens.

Les entreprises y gagnent…

En intégrant la volonté de résoudre des problèmes sociaux ou environnementaux, et de rendre le monde un peu meilleur au cœur de son business, l'entreprise se dote d'une force d'attraction et de différenciation précieuse, tant auprès des clients que des talents qu'elle voudrait recruter. L'étude « Meaningful brands », menée par le groupe publicitaire Havas dans le monde entier, présente des conclusions sans appel[28]. Selon les consommateurs interrogés, 71 % des grands groupes devraient être activement engagés dans la résolution de problèmes sociaux et jouer un rôle dans l'amélioration de la qualité de vie, mais seulement 39 % le font effectivement. Dans le même esprit, Jim Stengel, ex-directeur marketing du groupe Procter & Gamble, a mené une étude sur dix ans et 50 000 marques dont les conclusions sont très proches et fournissent la ligne directrice de son livre *Grow*[29] : les cinquante entreprises les plus performantes sont celles dont les marques et les missions intègrent un idéal fort, orienté vers une contribution sociétale très significative. Ces entreprises, que l'auteur désigne comme les « Stengel 50 », ont crû sur dix ans trois fois plus vite que leurs concurrents, de sorte qu'un investissement y aurait été quatre cents fois plus profitable que dans l'indice classique Standard & Poors 500. Stengel souligne que, pour ces marques les plus performantes, l'idéal transcende les produits et services auxquels il donne un sens, bâtissant à la fois la « résonnance » avec les attentes des individus et la « différence » qui leur vaut d'être préférées à leurs concurrents.

… même quand elles se fixent des objectifs élevés en termes environnementaux

Un nombre d'entreprises toujours plus important réfléchit désormais à l'adoption de stratégies entrepreneuriales très ambitieuses visant à assurer la transition de leur offre et de leur modèle vers une approche 100 % compatible avec des modes de vie durables, et à produire un bénéfice sociétal net plutôt que simplement la minimisation de leurs impacts négatifs. Ainsi, fin 2013, les groupes anglais Kingfisher ou British Telecom se sont regroupés pour fédérer leurs démarches d'entreprises dans le but d'afficher des bilans positifs pour la planète (démarche « Net Positive » chez Kingfisher ou « Net Good » chez British Telecom).

Ray Anderson, fondateur d'Interface, leader mondial des dalles de moquette et pionnier de l'écologie industrielle, a pris dès 1994 un virage ambitieux et défini une stratégie d'innovation de rupture : « Mission Zéro en 2020 », autrement dit élimination totale de tout impact négatif de ses activités sur l'environnement à l'horizon 2020. Une approche qui a poussé l'entreprise à utiliser en priorité de l'énergie renouvelable sur ses sites de production, d'une manière encore inégalée dans le monde industriel (en 2013, cinq de ses sept usines fonctionnaient à 100 % avec de l'énergie renouvelable), mais aussi à remplacer les matériaux pétrochimiques par des matériaux recyclés ou biosourcés, ou à expérimenter avec ses clients *corporate* la location des dalles de moquette.

Un autre exemple de la vertu des objectifs radicaux est fourni par Danone. En 2008, alors que le groupe alimentaire tentait de fixer son objectif de réduction des émissions de CO_2 pour les quatre années à venir, les équipes en interne tablaient sur un objectif de 20 % de réduction. Mais Franck Riboud, PDG du groupe, a demandé « l'impossible », soit 30 %, défi qu'il claironna dans les médias. Cela poussa Danone à prendre des mesures qu'elle n'avait jamais étudiées auparavant : étude des bioplastiques, utilisation de plastique recyclé, suppression de l'emballage carton pour les yaourts... Résultat : la réduction des émissions de CO_2 a finalement atteint... 35 % !

Loin de moi l'idée de penser que tous les objectifs impossibles mènent au succès, mais ce qui est toujours vrai, c'est qu'un objectif prudemment incrémental ne change jamais l'approche « *business as usual* »... Comme le disait Henry Ford : « Que vous pensiez pouvoir faire quelque chose ou au contraire ne pas le pouvoir, vous avez raison ! »

Deux secteurs clés pour l'avenir de la consommation : la grande distribution et le luxe

Certains secteurs sont plus particulièrement attendus au tournant, soit parce qu'ils sont au cœur du problème actuel de notre consommation non durable (la grande distribution), soit parce qu'ils pourraient potentiellement avoir un effet de levier très fort pour faire basculer ce modèle dominant (le secteur du luxe).

Le secteur de la grande distribution est naturellement associé à la notion même de surconsommation. Pour les consommateurs, la grande distribution est économique et commode, mais elle correspond de moins en moins aux attentes : la majorité disent qu'ils préféreraient, à prix équivalent, dépenser leur argent chez de petits commerçants locaux, dans de plus petites surfaces avec une éthique forte. Les consommateurs dénoncent aisément les problèmes politiques et éthiques du secteur, tout en reconnaissant qu'ils en ont besoin. Quelle alternative alors pour les enseignes de commerce ? Sans doute un retour à la fonction sociale du commerce, qui est de rendre les villes plus humaines, de créer du lien, et de contribuer à la vie locale. Cette mission, qui renvoie à l'étymologie du mot « commerce » (un échange dans lequel les deux parties peuvent dire merci[30]), serait sans doute capable de redonner un sens non quantitatif à la consommation par le recours aux producteurs locaux, l'histoire des produits, les services de proximité (location, livraison, information, etc.), ou la mise à disposition d'une information que les marques ne donnent pas (voir par exemple l'engagement d'Intermarché sur les questions de nutrition, autour de Nutri-pass, un nouvel étiquetage nutritionnel simple et clair inspiré des feux verts / feux rouges du gouvernement britannique). Les sociologues insistent d'ailleurs sur la capacité de « reliance », finalement plus importante que les produits vendus. C'est ce qui fonde le succès des AMAP qui regroupent les consommateurs. Comme le dit le sociologue Erwan Lecœur, un produit durable est un produit qui relie durablement et permet de se constituer un réseau (réseau d'utilisateurs ou de clients, forums internet, groupes affinitaires, avec un effet d'entraînement collectif car les gens échangent des « bons plans » en capitalisant sur une forte confiance interpersonnelle)[31].

Symbole d'une conception du bonheur dominante dans notre société consumériste, le secteur du luxe pourrait demain cristalliser les attentes. L'approche du luxe n'est en réalité pas si éloignée des modes de vie durables en ce qu'elle vise la plus haute qualité possible et s'adresse à des consommateurs éduqués et aisés *a priori* favorables aux nouveaux modes de consommation : une petite sélection de produits très qualitatifs et utiles (plutôt que l'accumulation de produits inutiles ou inutilement sophistiqués), des produits « durables » plutôt que jetables (voir par exemple la publicité des montres Patek Philippe qui affirme qu'« on ne possède jamais vraiment une Patek Philippe, on en prend seulement soin pour la transmettre aux futures générations »), des produits réparables (ce qui est souvent le cas des chaussures ou sacs de luxe, même plusieurs décennies après) ou rechargeables (agendas papier du type Filofax), des produits dont on connaît et raconte l'histoire. Autrement dit : la révolution de la consommation, parce qu'elle renoue dans ses valeurs avec l'essence du luxe, serait intéressante à mener en France en mobilisant les grands groupes de luxe dont les marques, très souvent sous le feu des projecteurs et servant de modèles aux autres secteurs, peuvent être des agents de transformation rapide. Il semblerait d'ailleurs que cette révolution soit d'ores et déjà en marche car, avec l'essor des nouveaux modes de consommation et de valeurs plus proches de la nature et du bien-être, le luxe ostentatoire fait moins recette : Vuitton a ainsi dû démonter fin 2013 la malle géante à ses couleurs qu'elle avait installée sur la place Rouge après de violentes critiques. Et le Crédit Agricole vient de lancer une nouvelle campagne de publicité pour son activité de banque privée à destination de ses clients les plus riches affirmant que « le luxe ne se vit plus de la même façon ». Le spot met en scène un randonneur en haut d'une montagne ou un couple perché dans les arbres, suggérant que le vrai luxe serait aujourd'hui de pouvoir réaliser des projets personnels en accord avec ses valeurs et non d'accumuler sans fin des biens matériels. Puisse cette publicité dessiner le luxe de demain.

Conclusion

Face à l'ampleur des défis qui nous attendent, il y a urgence à construire une alternative crédible et désirable à la consommation actuelle. Mais comment intervenir dans nos sociétés ayant développé une telle addiction à la consommation ? Comment citoyens, entreprises et pouvoirs publics peuvent-ils accepter de « lâcher » les valeurs matérialistes et l'idée que la consommation est la solution à tous nos maux ?

On le sait aujourd'hui, pointer les dangers écologiques du système consumériste ne suffit pas. Un dessin humoristique publié en septembre 2013 dans la presse anglo-saxonne mettait en scène les annonces faites par le GIEC depuis 1990 : au fil des ans, le même homme derrière un pupitre déclare que le changement climatique pourrait être un problème (1990), que c'est résolument un problème (1995), qu'il faut se dépêcher de le traiter (2001), qu'il est désolé d'avoir l'air d'un disque rayé (2007), que finalement c'est plus sérieux et rapide que ce qui était prévu (2013), pour finir en 2019 par tapoter sur le micro en demandant : « Est-ce que ce micro fonctionne ? »

Comme l'écrit l'éditorialiste du *Guardian*, Jo Confino : « Le mouvement global pour un développement durable échouera tant qu'il ne parviendra pas à créer une vision attractive du futur[1]. » Pour atteindre une prospérité compatible avec les limites de la planète, il nous faut donc d'abord, collectivement, croire que c'est possible. Sans cela, personne ne se sentira suffisamment en sécurité pour oser « lâcher » le système consumériste tout en sachant qu'il nous conduit au bord du gouffre social et écologique.

Au-delà des solutions ponctuelles, qu'il faut plus que jamais tester pour voir ce qu'elles donnent (nous nous tromperons parfois, mais tout vaut mieux que l'immobilisme), nous devons surtout définir les contours d'une nouvelle société suffisamment attractive, susceptible d'apporter la confiance nécessaire aux décisions et aux mesures radicales ; proposer la vision globale d'un avenir vers lequel aller sans réticence mais avec enthousiasme, non pas en misant sur notre sens du sacrifice mais en développant l'esprit de l'aventure ; dessiner le paysage d'un monde meilleur que celui dans lequel nous vivons aujourd'hui, pour tous et pour chacun. Nous en sommes loin : les politiques commandent des études pour concocter des indicateurs au-delà du PIB, mais lequel d'entre eux est parfaitement à l'aise avec l'idée d'une prospérité sans croissance ? Qui est capable de nous présenter de manière convaincante une société économiquement prospère dans laquelle les grands défis de notre époque (consommation galopante, population croissante, changement climatique, extrême pauvreté, rareté des ressources, appauvrissement des écosystèmes, etc.) auraient été résolus ? Pourtant, de la révolution copernicienne, qui aura nécessité le temps d'une vie pour renverser l'idée que le soleil tourne autour de la Terre, à la fin de l'apartheid en Afrique du Sud en passant par la chute du mur de Berlin, les exemples ne manquent pas pour illustrer le fait que l'impossible peut devenir inévitable en quelques heures. Encore faut-il pour y parvenir que le système de pensée bascule…

« On ne peut pas résoudre un problème avec le même mode de pensée que celui qui l'a créé », affirmait Einstein. C'est la conviction de tous ceux qui tentent de relever le défi d'une société qui réconcilierait la prospérité et les limites écologiques de la planète. Donella Meadows, écologiste visionnaire, scientifique experte de la théorie des systèmes[2], avance que pour changer un système, on peut agir sur les chiffres (indicateurs, subventions, taxes, normes…), sur les flux de matières ou d'information, sur les règles du système (contraintes, réglementations…), mais la façon la plus efficace est d'intervenir sur les objectifs du système, et mieux encore sur l'état d'esprit, les valeurs, les croyances ou le paradigme qui en fondent les objectifs, les règles et les structures.

Puisque le consumérisme n'a pas réussi à nous combler, nous devons chercher à atteindre le bonheur individuel et collectif par d'autres voies, plus sûres et efficaces, mais encore largement inexploitées, en un mot : inventer une nouvelle morale du bonheur pour les temps post-consuméristes. Cette nouvelle approche ne pourra pas être réservée à une élite bobo-écolo chez qui l'hyperconsommation est déjà passée de mode. Elle devra entraîner les plus dépendants de la société de « consolation » en leur montrant les bénéfices qu'ils tireront de cette nouvelle société, et la fierté qu'il auront d'être collectivement la solution du problème.

Cette révolution des comportements et des esprits a commencé. Il appartient aux gouvernements, collectivités locales et entreprises de l'accompagner pour opérer le basculement. Ne nous y trompons pas : c'est de clairvoyance et d'audace dont nous avons besoin, plus que de budgets ou de moyens. C'est ce qui fait tout l'intérêt de l'aventure que représente, pour nos sociétés consuméristes, le tracé de cette « nouvelle frontière ». Gageons qu'elle permettra aussi de donner raison à Donella Meadows qui écrivait il y a quelques années[3] : « Les gens n'ont pas besoin de grosses voitures ; ils ont besoin d'admiration et de respect. Ils n'ont pas besoin de renouveler en permanence leurs vêtements ; ils ont besoin de sentir que les autres les trouvent séduisants, ils ont besoin de variété, de beauté et d'excitation. Ils n'ont pas besoin de gadgets électroniques ; ils ont besoin d'activités intéressantes pour occuper leur esprit et leurs émotions. Et ainsi de suite. Si l'on essaie de répondre à ces besoins, bien réels mais non matériels, d'identité, de communauté, d'estime de soi, de défi, d'amour ou de joie, par des objets matériels — alors on nourrit une soif infinie pour des fausses solutions à des envies qui ne seront jamais satisfaites. Une société qui s'autoriserait à reconnaître ces besoins non matériels et à trouver des moyens non moins matériels de les satisfaire consommerait bien moins de ressources et d'énergie, tout en atteignant des niveaux bien plus élevés d'épanouissement et de bonheur humains. »

Notes

Introduction

1. « L'industrie de la parfumerie », rapport de la Financière de la Cité, octobre 2012.
2. Centre national de la cinématographie, chiffres 2013.
3. Enquête BVA de 2012, citée dans le dossier « Le grand gaspillage », *L'Expansion*, novembre 2013.
4. INSEE, « Équipement automobile des ménages », chiffres 2011.
5. Chiffres : www.planetoscope.com, sauf indication contraire.
6. INSEE, « La consommation des ménages depuis cinquante ans ».
7. Anthropologue américaine du XXe siècle, Margaret Mead (1901-1978) est connue notamment pour avoir travaillé en Océanie, dans les îles Samoa.
8. Déclaration de Paul Hawken, auteur de *L'écologie de marché*, en 2013.
9. Voir notamment les livres de Christophe André, ou *Optimiste* d'Alain Braconnier, Odile Jacob, 2014.

Chapitre 1 : Notre addiction à la consommation

1. Chiffres : « Le crédit à la consommation dans le monde à fin 2012 », Crédit Agricole Consumer Finance.
2. « Les pays les plus exposés à la surconsommation », octobre 2011, www.bourse-investissements.fr.
3. « Le crédit à la consommation dans le monde à fin 2012 », Crédit Agricole Consumer Finance.
4. Marie Bartnik, « De plus en plus de ménages surendettés », *Le Figaro*, 27 février 2014.

5. http://usstoragenews.com/.
6. Jean-Yves Guérin, « Le retour en force des garde-meubles », *Le Figaro*, 9 janvier 2012.
7. « Building Self-Storage in Brazil: A Developer Explores a Blossoming Industry », *Inside Self Storage Magazine*, 26 janvier 2014.
8. Observatoire national de la pauvreté et de l'exclusion sociale (ONPES), janvier 2010.
9. Arnaud de La Grange, « La Chine s'inquiète de sa fracture sociale », *Le Figaro*, 1er février 2013.
10. Arnaud de La Grange, « Les publicités de luxe bannies de la télévision chinoise », *Le Figaro*, 6 février 2013.
11. D'après les calculs du Global Footprint Network.
12. « Le 20 août, l'humanité est entrée en phase de "dette écologique"... », mescoursespourlaplanete.com, 31 août 2013.
13. « Prosperity without growth », rapport de Tim Jackson pour la Commission du développement durable en Angleterre, mars 2009.
14. Millennium Ecosystem Assessment (voir www.maweb.org/fr).
15. FAO, 2009.
16. McKinsey & Company, 2009.
17. Johan Rockström *et al.*, « A safe operating space for humanity », *Nature*, 461, 24 septembre 2009, p. 472-475.
18. Voir l'interview de Nicholas Stern : « I got it wrong on climate change — it's far, far worse », Heather Stewart et Larry Elliott, *The Observer*, 26 janvier 2013.
19. Laurence Caramel, « Réchauffement : une révolution économique est nécessaire », *Le Monde*, 13 avril 2014.
20. Easterlin (R.), « Does Economic Growth Improve the Human Lot? Some Empirical Evidence », *in* David (P. A.) & Reder (M. W.), *Nations and Households in Economic Growth*, Academic Press, 1974, p. 89-125.
21. L'OCDE évoque également un seuil à partir duquel l'accumulation de richesses joue à rebours de la croissance du bien-être. Voir « Objectif croissance un an après », conférence de presse de l'OCDE du 7 février 2006.
22. Professeur de psychologie au Knox College (Illinois), auteur de *The High Price of Materialism*, MIT Press, 2002.
23. Article de Kurt Anderson dans le *NYT Review of Books* à propos du livre *The New New Thing* de Michael Lewis, W.W. Norton & Company, 1999.

24. Citée par Tim Kasser dans *The High Price of Materialism*, *op. cit.*, p. 45.
25. « Policies for Sustainable Consumption — A report to the Sustainable Development Commission », septembre 2003.
26. Une position qui tranchait avec celle de Jimmy Carter qui, au moment de la première crise pétrolière, en 1977, était apparu à la télévision vêtu d'un pull, pour inciter ses compatriotes à économiser l'énergie.
27. Chiffres 2012 de la Banque mondiale et de l'OCDE, indicateur « Dépenses de consommation des ménages (en % du PIB) », disponible pour l'ensemble des pays sur le site www.donnees.banquemondiale.org
28. Ferry (L.), *L'innovation destructrice*, Plon, 2014.
29. Antoine Delhommais et Claire Gatinois, « Faut-il relancer massivement la consommation ? », Pierre-*Le Monde*, 13 février 2009.
30. *Ibid.*
31. Lendrevie (J.), Brochand (B.), *Publicitor*, Dalloz, 2001.
32. Stiglitz (J.), *Globalization and its Discontents*, W.W. Norton & Company, 2002.
33. INSEE, « La consommation des ménages depuis cinquante ans », 2010.
34. « Prosperity without growth », rapport de Tim Jackson pour la Commission du développement durable en Angleterre, mars 2009.
35. *Ibid.*

Chapitre 2 : Nos mécanismes de déni

1. Extrait du discours prononcé à la remise du rapport Stiglitz, sur la mesure de la performance économique et du progrès social, 14 septembre 2009.
2. Selon le terme de Robert Rochefort.
3. Ekins (P.), « The sustainable consumer society: A contradiction in terms? », *International Environmental Affairs*, 3(4), 1991, p. 243-258.
4. Morin (E.), *Pour une politique de civilisation*, Arléa, 1997.
5. Bourg (D.), Papaux (A.) (dir.), *Vers une société sobre et désirable*, Fondation Nicolas Hulot pour la nature et l'homme/PUF, 2010.
6. www.aerosols-info.org/environnement.html#.

7. « Overconsumption — Our use of the world's natural resources », rapport de Friends of the Earth Austria & SERI, septembre 2009.
8. Étude réalisée par le cabinet Enertech dans le cadre du projet européen Remodece. Voir « Les particuliers consomment de plus en plus d'énergie », *Le Monde*, 3 août 2008.
9. Discours de Ségolène Royal, ministre de l'Écologie et de l'Énergie, le 25 avril 2014.
10. *Ibid.* : « La croissance verte doit permettre la création de 100 000 emplois en trois ans » dans des secteurs tels l'isolation, les véhicules électriques, etc.
11. Annonce de Jean-Louis Borloo, ministre de l'Écologie, en 2009 au sujet du Grenelle de l'environnement : « La révolution verte engagée avec le Grenelle de l'environnement pourrait donc permettre de créer plus de 500 000 emplois entre 2009 et 2020. »
12. Voir notamment le rapport conjoint de l'OIT et du PNUE « Green Jobs: Towards Decent Work in a Sustainable, Low-Carbon World » paru en 2008, annonçant notamment la création de 20 millions d'emplois dans les énergies renouvelables avant 2030, de 2 à 3,5 millions d'emplois en Europe et aux États-Unis sur l'efficacité énergétique des bâtiments, etc.
13. Interview de Christian de Perthuis, co-auteur avec Pierre-André Jouvet du *Capital vert* (Odile Jacob, 2013), dans « Le capital vert, une nouvelle perspective de croissance » sur le blog think-tank.fnh.org.
14. « Prosperity without growth », *op. cit.*
15. « Managing municipal solid waste », rapport de l'European Environment Agency (EEA), 2013.
16. 19,2 % du volume jeté en 2011, selon des chiffres de Plastics Europe, l'association européenne des producteurs de plastique (cité dans l'article « Le recyclage des plastiques progresse », *Le Figaro*, 22 novembre 2012).
17. EPA, données 2008.
18. « Here No City Has Gone Before: San Francisco Will Be World's First Zero-Waste Town by 2020 », *AlterNet*, 18 avril 2012.
19. Davis (S.) et Caldeira (K.) (Carnegie Institution of Science), « Consumption-based accounting of CO_2 emissions » in *Proceedings of the National Academy of Sciences*, 2010.

20. « Consumption-Based Emissions Reporting », rapport publié par the House of Commons/Energy and Climate Change Committee, le 18 avril 2013.
21. Publication du ministère de l'Écologie et du Développement durable, juin 2010.
22. L'étude présentée pour la première fois ici a été réalisée par Arnaud Florentin chez UTOPIES avec l'outil LOCAL FOOTPRINT, en octobre 2013.
23. www.planetoscope.com.
24. « European Environment Agency: Household consumption and the environment », EEA Report n° 11/2005, Copenhague, p. 33.
25. « Consumers, Business and Climate Change », étude de l'Institut de la consommation durable de l'université de Manchester publiée début 2010.
26. « Fostering Innovation for Green Growth », étude de l'OCDE publiée en septembre 2011.
27. Tukker (A.) *et al*, *Environmental Impact of Products*, EIPRO, 2006. « Analysis of the life cycle environmental impacts related to the final consumption of the EU-25 », Technical Report EUR 22284 EN.
28. « Let's stop hiding behind recycling and be honest about consumption », *The Guardian*, 12 avril 2013.
29. « Luxe : les surprises de l'Eldorado chinois », *ParisTech Review*, 11 juillet 2012.
30. Les ventes de voitures particulières en Chine ont progressé de 31 % quand elles chutaient de 19 % dans l'Hexagone (« PSA vend désormais plus de voitures en Chine qu'en France », *Challenges*, 19 avril 2013).
31. Conçue et menée par le Natural Marketing Institute.
32. Ray (P. H.), *L'émergence des créatifs culturels : enquête sur les acteurs d'un changement de société*, Éditions Yves Michel, 2001.
33. Conçue et menée par le Natural Marketing Institute.
34. « Global Lifestyle of health and sustainability », New Zealand Trade & Enterprise, août 2008.
35. Cette enquête en ligne (avec l'institut de sondage Globescan) est menée auprès de 17 000 consommateurs dans dix-sept pays, évaluant leur comportement déclaré dans quatre domaines (logement, transport, alimentation et produits de consommation). La dernière version a paru en 2010.

36. Voir notamment l'étude de l'Observatoire Cetelem, 2010 : 8 000 consommateurs d'Allemagne, Belgique, Espagne, France, Hongrie, Italie, Pologne, Portugal, République tchèque, Grande-Bretagne, Russie et Slovaquie.
37. « Les chiffres de la consommation responsable », rapport publié chaque année par Mescoursespourlaplanete.com.
38. Pour ce marché, voir Mescoursespourlaplanete.com, fiche-produit sur les « fleurs ».
39. « Sustainable Consumption Facts & Trends — from a business perspective », rapport WBCSD, 2008.
40. « Prosperity without growth », *op. cit.*
41. « Working for the few », rapport d'Oxfam, janvier 2014.
42. Communication de la Commission au Parlement européen, au Conseil, Comité économique et social européen et au Comité des régions du 25 juin 2008, « Plan d'action pour une consommation et une production durables et pour une politique industrielle durable » [COM(2008) 397 final — Non publié au Journal officiel], http://eur-lex.europa.eu/LexUriServ/LexUriServ.do?uri=CELEX:52008DC0397:FR:NOT.
43. Voir le rapport « The limits to growth » (1972), dit « rapport Meadows », actualisé en 2004.
44. Agenda 21 — Ch. 4 : Modification des modes de consommation (www.un.org/french/ga/special/sids/agenda21/action0.htm).
45. « Policies for Sustainable Consumption — A Report to the Sustainable Development Commission », Grande-Bretagne, septembre 2003.
46. *Ibid.*
47. Cité dans l'article « Comment vivre avec l'incertitude », *L'Express*, février 2003.
48. André (C.), *Et n'oublie pas d'être heureux*, Odile Jacob, 2014.
49. *The High Price of Materialism*, *op. cit.*
50. Philippe Moati, « Cette crise est aussi une crise du modèle de consommation », 2009.
51. Pour 70 % des consommatrices, selon une étude 2014 de la Fédération française du prêt-à-porter féminin.
52. Voir chapitre I.
53. Ferry (L.), *op. cit.*
54. *The High Price of Materialism*, *op. cit.*
55. Girard (R.), *Mensonge romantique et vérité romanesque*, Grasset, 1961.

56. Étude Greendex 2010, menée par *National Geographic* avec Globescan, auprès de 17 000 consommateurs de dix-sept pays.

Chapitre 3 : Cinq marchés emblématiques

1. Chris Goodall, « Peak Stuff — Did the UK reach a maximum use of material resources in the early part of the last decade? », Carboncommentary.com, 2011.
2. Cité dans l'excellent article d'Audrey Garric, « En France, la consommation a de l'avenir », *Le Monde*, 9 janvier 2014.
3. Également cité dans l'article « En France, la consommation a de l'avenir », *ibid.*
4. Édition 2009 de l'étude de Noël réalisée chaque année par Deloitte sur les intentions d'achat des consommateurs européens à l'occasion des fêtes de fin d'année.
5. « Les Français et la consommation durable », Ethicity, 2009.
6. Étude TNS-Sofres publiée début décembre 2013, citée dans l'article « En France, la consommation a de l'avenir », *op. cit.*
7. Étude Observatoire Société Consommation (Obsoco), parue en novembre 2013.
8. Une proportion qui tombe à 40 % pour les produits high-tech, 28 % pour la décoration et 24 % pour les produits culturels, selon l'étude menée par Toluna, pour Wincor Nixdorf, en 2014.
9. « Vers la fin des soldes ? », Crédoc, juillet 2011.
10. Les soldes flottants sont une période de soldes supplémentaires d'une durée de deux semaines en dehors des périodes habituelles de soldes saisonniers.
11. Enquête BVA, 2012, citée dans le dossier « Le grand gaspillage », *L'Expansion*, novembre 2013.
12. *Ibid.*
13. Cline (E.), *Overdressed: The Shockingly High Cost of Cheap Fashion*, Portfolio/Penguin, 2012.
14. 48 % de l'impact environnemental d'un jean survient après la vente du produit (source : « Analyse du cycle de vie d'un jean », réalisée par Bio-IS pour l'ADEME, 2006).
15. ADEME.
16. Rapport « Well dressed », université de Cambridge, 2006.
17. Cline (E.), *op. cit.*
18. « Les petites mains du prêt-à-porter occidental se révoltent », France 24, novembre 2013.
19. Dossier « Le grand gaspillage », *L'Expansion*, novembre 2013.

20. Jim Dwyer, « A Clothing Clearance Where More Than Just the Prices Have Been Slashed », 5 janvier 2010.
21. Journal du Net : « Dans les ateliers de J.M. Weston », www.journaldunet.com/economie/reportage/jm-weston/index.shtml.
22. Étude 2014 de la Fédération française du prêt-à-porter féminin.
23. IMS market prognosis, mai 2012.
24. Extrait du discours de Bernard Kouchner à la conférence nationale de la Santé, 22 juin 1998.
25. Gaëlle Fleitour, « Les Français, toujours accros aux médicaments », *L'Usine Nouvelle*, octobre 2012.
26. Nathalie Szapiro-Manoukian, « L'alarmante résistance des bactéries aux antibiotiques », *Le Figaro*, 4 juin 2012.
27. Étude européenne de la CNAMTS.
28. Dossier « Le grand gaspillage », *op. cit.*
29. « Mediator : la responsabilité de l'État reconnue pour treize victimes », *L'Express*, 11 août 2014.
30. « Médicaments : entre 13 000 et 34 000 morts chaque année en France », AgoraVox, janvier 2012.
31. Étude EMIR (Effets indésirables des Médicaments : Incidence et Risque), conduite par le réseau des centres régionaux de pharmacovigilance, 2007.
32. Office national d'indemnisation des accidents médicaux, des affections iatrogènes et des infections nosocomiales (Oniam).
33. Un rapport sur l'« iatrogénèse médicamenteuse », remis par les centres de pharmacovigilance en novembre 1997 à Bernard Kouchner, alors ministre de la Santé, indiquait que les médicaments causeraient au moins 18 000 décès en France chaque année. De son côté, Julien Husson, docteur en sciences de gestion, indique, dans un article intitulé « Risk management à l'hôpital : vers un modèle pour le manager hospitalier », que « l'iatrogénie médicamenteuse engendre 25 000 morts par an ». Enfin, dans un tableau récapitulatif sur l'iatrogénèse sociétale et organisationnelle, paru sur le site ecoetsante2010, Suzanne Gaubert note : « Total iatrogénèse : + de 20 000-22 000 décès/an, voire + de 34 000, voire plus ». Ces chiffres sont cités dans l'article « Médicaments : entre 13 000 et 34 000 morts chaque année en France », *op. cit.*
34. « Les médicaments causent "au moins 18 000 morts par an en France" », *Le Monde*, mai 2013.
35. Rapport de la Cour des comptes publié en 2011.

36. World Cancer Research Fund / American Institute for Cancer Research, « Food, Nutrition, Physical Activity, and the Prevention of Cancer: a Global Perspective », rapport de 2007.
37. INSEE.
38. International Telecommunications Union (ITU) cité dans *Digital Trends*, article « Number of mobile phones to exceed world population by 2014 », 28 février 2013.
39. (International Data Corporation) IDC, cité par Planetoscope.
40. Gartner.
41. « La diffusion des technologies de l'information et de la communication dans la société française », étude du Crédoc, juin 2012.
42. Étude du cabinet Gartner, avril 2007.
43. Voir notamment la campagne internationale « Facebook Unfriend Coal » lancée contre le géant des réseaux sociaux en 2010, et le rapport « How dirty is your data » publié par Greenpeace en 2011.
44. Steven Levy, « Apple Aims to Shrink Its Carbon Footprint With New Data Centers », *Wired*, 21 avril 2014.
45. « Overconsumption — our use of the world's natural resources », Friends of the Earth Europe, rapport de 2009.
46. Planetoscope.
47. « Just 8 % of Mobile Phones Recycled or Refurbished », *Environmental Leader*, du 2 novembre 2009 : 6 % étaient reconditionnés, et 2 % recyclés ou traités correctement en 2009, avec une projection à 14 % et 4 % en 2014.
48. « Electronics Recycling and E-Waste Issues », rapport prospectif de Pike Research, 2009.
49. Initiative StEP lancée par les Nations unies, www.step-initative.org.
50. ADEME.
51. « Trends in transboundary movement of waste among Parties to the Basel Convention », UNEP, 2004.
52. Voir notamment les rapports « Poisoning the poor, Electronicwaste in Ghana » de Greenpeace en 2008, et « Exporting Harm, The High-Tech Trashing of Asia » des Basel Action Network (BAN) et Silicon Valley Toxics Coalition (SVTC) en 2002.
53. « Recycling — from E-Waste to Resources », rapport du PNUE, 2010.

54. Initiative StEP lancée par les Nations unies, www.step-initative.org.
55. « SMART 2020 — Enabling the low-carbon economy in the information age », GeSI, juin 2008 (www.gesi.org).
56. www.amisdelaterre.org/Le-livre-electronique-mirage.html.
57. Étude Carbone 4 citée dans « Le livre électronique : mirage technologique, désastre écologique selon les Amis de la Terre », Mescoursespourlaplanete.com, 11 avril 2010.
58. ADEME, citée dans « Le grand gaspillage », *op. cit.*
59. *Prêt à jeter* de Cosima Dannoritzer, diffusé sur Arte en 2011 et en location/vente sur iTunes.
60. Économiste, penseur de la décroissance, auteur de l'essai *Bon pour la casse. Les déraisons de l'obsolescence programmée*, Les Liens qui Libèrent, 2012.
61. Voir le rapport « SMART 2020 », publié en juin 2008 par une coalition d'entreprises du secteur, qui fait le point sur la pollution engendrée par les TIC, mais les positionne également comme un moyen de réduire dans des proportions bien plus importantes l'empreinte carbone mondiale d'ici à 2020. Ce rapport table sur une réduction de 15 % des émissions globales de CO_2, *via* l'amélioration des logistiques, de l'efficacité énergétique des bâtiments grâce à des capteurs toujours plus performants, etc.
62. Voir notamment les ouvrages de Fabrice Flipo : *La face cachée du numérique*, L'Échappée, 2013 ; *Peut-on croire dans les TIC vertes ?*, Presse des Mines, 2012 ; ou *L'écologie des infrastructures numériques*, Hermès Science, 2007.
63. ADEME, citée dans « Le grand gaspillage », *op. cit.*
64. « Tracking mobile phone recycling rate to improve them », www.cordis.europa.eu, 16 avril 2013.
65. Julie Carceller, « Terres rares : le nouvel or noir ? », *Les Échos*, 14 novembre 2012.
66. « Le téléphone portable à la loupe », dossier de l'Ellen MacArthur Foundation, 2012.
67. « Recycling — from E-Waste to Resources », rapport du PNUE, 2010.
68. Voir la proposition de Philippe Moati : « Étendre la garantie sur les biens de consommation à dix ans », *Le Monde*, 3 mai 2010.
69. « Le téléphone portable à la loupe », Ellen MacArthur Foundation, 2012.

70. « Sustainable Consumption Facts & Trends — from a business perspective », rapport du WBCSD, 2008.
71. Dossier « Le grand gaspillage », *op. cit.*
72. « Food wastage footprint / Impacts on natural resources », rapport de la FAO, 2013.
73. Données du gouvernement britannique, Department for Environment, Food & Rural Affairs, mars 2014.
74. Soit 11 millions d'euros en 2012, selon l'article « UK aid money: the key datasets you need to know », *The Guardian*, septembre 2012.
75. Jean-Baptiste Chastand, « Comparé aux plans contre la crise, éradiquer la malnutrition ne coûterait presque rien », *Le Monde*, 16 octobre 2008.
76. Étude Leanpath.
77. Étude IPSOS 2012.
78. Lydie Tollemer, auteure d'une étude sur l'obsolescence pour le Centre européen de la consommation, interviewée dans le dossier « Le grand gaspillage », *op. cit.*
79. Exemples détaillés dans le dossier « Le grand gaspillage », *op. cit.*
80. Voir la recommandation faite en ce sens par le CESE (Conseil économique et social) fin janvier 2014.
81. www.theguardian.com/environment/datablog/2009/sep/02/meat-consumption-per-capita-climate-change.
82. Chiffres de la FAO montrant que la population mondiale est passée de 2,6 à 6 milliards de personnes entre 1950 et 2000, pendant que la production de viande passait de 45 à 233 milliards de kilos par an, que la population mondiale devrait atteindre les 9 milliards de personnes en 2050, et que la production de viande passerait à 450 milliards de kilos (chiffres cités dans *La vérité sur la viande*, ouvrage dirigé par Marianne Thieme et Niko Koffeman, Les Arènes, 2013).
83. « 2020 Global Food Outlook », rapport publié en 2001 par le think-tank américain International Food Policy Research Institute, cité dans « The Global benefits of eating less meat », Compassion in World Farming (CIWF), 2004.
84. « The detrimental impacts of industrial animal agriculture », Compassion in World Farming (CIWF), 2002.
85. Site internet www.oeufs.org animé par l'ONG PMAF (Protection mondiale des animaux de ferme).

86. « A Race Against Time: the challenge of cardiovascular disease in developing economies », Earth Institute, Columbia University, 2004 (http://earth.columbia.edu/news/2004/images/raceagainst-time_FINAL_051104.pdf).

Chapitre 4 : Vers une consommation heureuse : comment accélérer le mouvement ?

1. « Attitudes of European citizens towards the environment », Eurobaromètre 365 de la Commission européenne, 2011.
2. « Évolution du comportement des Français face au développement de l'économie circulaire », étude du Crédoc pour l'ADEME, juin 2014.
3. *Ibid.*
4. Audrey Garric, « Les Français sont-ils sortis de l'hyperconsommation ? », *Le Monde*, 17 juin 2014.
5. Solange Martin, du service Économie & Prospective de l'ADEME, coordinatrice de l'étude « Évolution du comportement des Français face au développement de l'économie circulaire » (parue en juin 2014), interviewée dans le cadre de l'enquête « Les Français sont-ils sortis de l'hyperconsommation ? », *op. cit.*
6. « Comment les entreprises influencent notre société : le point de vue des citoyens », Eurobaromètre 363, avril 2013.
7. www.mymoneyonline.org.
8. « Are You Ready for EcoAware Mom? », EcoFocus, 2010.
9. Voir le site www.babykemi.dk et la brochure intitulée « Good chemistry is not enough ».
10. Ces campagnes sont décrites dans « Promoting sustainable consumption », IÖW-IES-SIFO, Policy Brief, 2009.
11. www.globalactionplan.org.uk/ecoteams-0.
12. Voir le détail du fonctionnement sur www.myco2.com/fr/la-green-card-coreenne-un-modele-mondial-doutils-de-la-croissance-verte/.
13. Servan-Schreiber (D.), *Anticancer : les gestes quotidiens pour la santé du corps et de l'esprit*, Robert Laffont, 2010.
14. « Bilan des connaissances économiques et environnementales sur la consigne des emballages boissons et le recyclage des emballages en plastique », étude ADEME parue en 2008.

15. La plupart des idées développées ici viennent d'un article intitulé « Boîte à idées pour élus engagés » paru dans *L'Express*, numéro spécial « La France dans dix ans », en novembre 2008.
16. Cécile Calla, « En Allemagne, Marburg se veut un modèle écolo », *Le Monde*, 23 juin 2008.
17. Dossier de presse 2014, disponible sur http://rhone.familles-a-energie-positive.fr/.
18. « Sustainable consumption — facts and trends », rapport du WBCSD, 2008.
19. Définie comme un « concept dans lequel les entreprises intègrent les préoccupations sociales, environnementales et économiques dans leurs activités et dans leurs interactions avec leurs parties prenantes sur une base volontaire », selon la Commission européenne, dans son livre vert sur le sujet : *Promoting a European Framework Social Responsibility*, Commission Green Paper, 2001.
20. Étude européenne PWC sur le rôle du développement durable au sein de la relation client dans le secteur bancaire menée pour la Fédération nationale des Caisses d'Épargne (FNCE) et l'European Financial management and Marketing Association (EFMA), en 2009, concluant à « une communication insuffisante plutôt qu'une insuffisance d'action » en matière de développement durable par les banques.
21. Cité dans Charles (D.), *Lords of the Harvest: Biotech, Big money and the Future of Food*, Paperback Ed., 2002.
22. En cinq ans, depuis les débuts de la Prius aux États-Unis en 2001, la valeur de la marque Toyota a augmenté de 47 %, à 28 milliards de dollars, selon Interbrand.
23. « La Toyota Prius hybride dans le top trois mondial », *Le Figaro*, 29 mai 2012.
24. Statistiques Val'hor 2012.
25. Moati (P.), « Cette crise est aussi une crise du modèle de consommation », dans *Vers un autre monde économique*, Descartes & Cie, 2009.
26. Moati (P.), « Cette crise est aussi une crise du modèle de consommation », *op. cit.*
27. « Étendre la garantie sur les biens de consommation à dix ans », Philippe Moati, *Le Monde*, 3 mai 2010.
28. Le classement 2013 des « meaningful brands » établi par Havas fait apparaître le top-ten suivant : Google, Samsung, Microsoft,

Nestlé, Sony, Ikea, Dove, Nike, Walmart, Danone, Philips et Procter & Gamble.

29. Étude menée avec l'institut d'études Millward Brown pour *Grow: How Ideals Power Growth and Profit at the World's Greatest Companies*, de Jim Stengel, Crown Business, 2011.
30. Etchegoyen (A.), *Le pouvoir des mots : dictionnaire critique de l'entreprise contemporaine*, Dunod, 1994.
31. Entretien avec l'auteur dans le cadre des travaux préparatoires du rapport « Pour une consommation durable », Centre d'analyse stratégique, 2011.

Conclusion

1. « Sustainability movement will fail unless it creates a compelling future vision », Jo Confino, *The Guardian*, 23 novembre 2013.
2. « Places to Intervene in a System », 1997.
3. Meadows (D.), Randers (J.), Meadows (D.L.), *Limits to Growth: The 30-Year Update*, Chelsea Green, 2004.

Remerciements

À ma fille Ève, dont je m'étais juré à la naissance qu'elle n'aurait pas de Barbie et qui en a désormais une étagère entière — ce que j'essaie de transformer en opportunité de pratiquer assez tôt le don, le troc et la consommation collaborative, avec un succès inégal j'en conviens.

À Alexandra, ma source d'essentiel, qui pointe avec une bienveillance amusée mes contradictions et me guide en douceur vers la sobriété heureuse quand mes impulsions m'en détournent.

À Anne et Brigitte (dite « Boubou »), pour nos fous rires et leur amitié précieuse toutes ces années, bien plus efficaces que de dépenser pour dé-penser quand cela est nécessaire.

À Jean-Sébastien, complice de vingt ans qui m'a entre autres éveillée, dans une ère pré-Internet, à tout ce qui se passait outre-Atlantique autour de ces sujets, comme la simplicité volontaire ou les travaux autour des créatifs culturels.

À Guillaume, mon très patient éditeur, pour son enthousiasme et sa confiance dans ce projet, ses conseils judicieux et son engagement même pendant ses vacances.

À ma famille, mes parents, Carole, Michel et Stéphane, pour leur patience et leur compréhension quand j'écris pendant nos vacances communes, dans les îles grecques, en Corse ou ailleurs.

À tous les membres des équipes actuelles ou passées d'Utopies et de Mes Courses pour la Planète, dont les questions et travaux me poussent à enrichir en permanence ma pensée sur l'alterconsommation.

À ceux de mes clients avec qui des discussions passionnées sur la consommation responsable et les créatifs culturels ont cimenté notre amitié : François et Françoise Lemarchand, Antoine Lemarchand, David Garbous et Alain Cojean en particulier.

À mes inspirateurs de toujours, visionnaires entre tous à mes yeux sur la consommation engagée et qui m'ont fait l'honneur de leur amitié depuis les débuts d'Utopies : Anita Roddick, Yvon Chouinard, Ray Anderson, François Lemarchand, Ben Cohen et Jerry Greenfield.

À Nathalie Kosciusko-Morizet et Chantal Jouanno, dont la commande initiale d'un rapport sur la politique de consommation durable m'a permis de me plonger plus encore dans un univers de réflexion totalement passionnant.

À tous les participants du groupe de travail monté avec le Centre d'analyse stratégique qui ont élaboré le rapport « Pour une consommation durable » (janvier 2011) et, en particulier, Éric Fouquier, pour sa vision inspirée et inspirante de l'alterconsommation, Marie-France Corre, pour le champ infini de son expertise et ses points de vue iconoclastes, Nadia Boeglin, pour son soutien amical et fidèle, et Dominique Auverlot et son équipe, pour le travail de titan accompli sur ce rapport.

Puisse ce livre approfondir et élargir le travail que nous avons entamé ensemble, sans trahir nos réflexions et productions communes.

Table

Composition et mise en pages
par Nord Compo à Villeneuve-d'Ascq

CET OUVRAGE
A ÉTÉ ACHEVÉ D'IMPRIMER
SUR ROTO-PAGE
PAR L'IMPRIMERIE FLOCH
À MAYENNE EN OCTOBRE 2014

N° d'impression : 87422
Dépôt légal : octobre 2014
Imprimé en France